| 光明社科文库 |

启智润心
——思想政治理论课教学案例集

衣永刚　孙宇伟◎主编

光明日报出版社

图书在版编目（CIP）数据

启智润心：思想政治理论课教学案例集 / 衣永刚，孙宇伟主编．－－北京：光明日报出版社，2022.11
ISBN 978－7－5194－6906－1

Ⅰ.①启… Ⅱ.①衣… ②孙… Ⅲ.①高等学校—思想政治教育—教案（教育）—中国 Ⅳ.①G641

中国版本图书馆 CIP 数据核字（2022）第 234235 号

启智润心：思想政治理论课教学案例集
QIZHI RUNXIN: SIXIANG ZHENGZHI LILUNKE JIAOXUE ANLI JI

主　　编：衣永刚　孙宇伟	
责任编辑：王　娟	责任校对：阮书平
封面设计：中联华文	责任印制：曹　净

出版发行：光明日报出版社
地　　址：北京市西城区永安路 106 号，100050
电　　话：010-63169890（咨询），010-63131930（邮购）
传　　真：010-63131930
网　　址：http://book.gmw.cn
E － mail：gmrbcbs@gmw.cn
法律顾问：北京市兰台律师事务所龚柳方律师
印　　刷：三河市华东印刷有限公司
装　　订：三河市华东印刷有限公司
本书如有破损、缺页、装订错误，请与本社联系调换，电话：010－63131930

开　　本：170mm×240mm	
字　　数：120 千字	印　张：11
版　　次：2023 年 1 月第 1 版	印　次：2023 年 1 月第 1 次印刷
书　　号：ISBN 978－7－5194－6906－1	

定　　价：85.00 元

版权所有　　翻印必究

编委会

总 主 编：姜 锋　王 静
主　　编：衣永刚　孙宇伟
执行主编：门小军
副 主 编：赵鸣歧　蒙象飞　王宝珠
编　　委：丁冬汉　万继蓉　于新娟
　　　　　王文臣　卞卓斐　张 放

（按姓氏笔画为序）

闳中肆外　以梦为马

（代序）

2015年5月，上海外国语大学马克思主义学院成立。2017年7月，上外马克思主义学院入选上海市高校示范马克思主义学院。2021年10月，学校获批马克思主义理论一级学科硕士学位授权点。

大力推进思政课的改革创新，不断增强思政课的思想性、理论性和亲和力、针对性，发挥思政课在立德树人中的关键课程作用，始终是马克思主义学院的核心任务。上外马克思主义学院成立以来，以建设具有外语院校特色的思想政治教育体系为统领，积极推进思想政治教育教学改革，以"中外时文选读"课程为代表，探索思政课与外语专业课的有机融合，一方面，在外语专业课中突出价值引领；另一方面，在思政课中体现专业特色，是"课程思政"理念的创设实践高校之一。学校关于思政课教学改革的探索先后被《光明日报》《文汇报》和央视"焦点访谈"等媒体报道，并获得国家级、上海市教学成果奖等。2019年11月，学校发布《关于深化新时代思想政治理论课改革创新的实施方案》。2021年3月，上外马克思主义学院在原教研室的基础上，成立了"习近平新时代中国特色社会主义思想""马克思主义基本原理""马克思主义中国化""中国近现代史基本问题""新时代思想政治教育""中国与世界"等六个课程中心，与原来的教研室相比，课程中心更注重"平台"功能，通过"跨""融""通"，从教师的"教"为中心转向注重课程的"建"为中心，从教研独立转向教研联动，从分段教学转向贯通教学，从分科教学转向一体化教学。

上外马克思主义理论一级学科建设主动融入和贡献学校"双一流"建设。学校第二轮"双一流"建设方案中，对马克思主义理论学科在"双一流"建设中的定位做了具体规定，即将夯实基础和特色培育有机结合，形成外语类院校马克思主义理论学科的比较优势。一是夯实学科基础，围绕马克思主义基本原理、马克思主义中国化研究、思想政治教育、中国近现代史基本问题研究、中共党史党建等学科方向扎实开展学科基础建设，筑牢学科根基。二是加强马克思主义理论学科与外国语言文学、政治学、新闻传播学、经济学、法学、教育学等学科的深度融合，围绕国家治理与社会发展面临的重大现实问题，通过凝练全球马克思主义/中外哲学比较、当代世界与社会主义/中国化马克思主义的全球传播、全球胜任力/德育国际比较、中国学/中共党史党建学等领域和方向，形成具有外语院校特色的马克思主义理论学科比较优势。三是加强研究成果应用，贯彻"坚持和巩固马克思主义在意识形态领域的指导地位"精神，依托学校学科特色和专业优势，积极服务国家的马克思主义全球话语体系构建，利用"线上+线下"平台主动拓展传播渠道，开展马克思主义中国化最新成果和党的理论创新成果对外传播，做好中国共产党伟大建党精神研究/实践中心平台建设，讲好中国故事，讲好中国共产党的故事。

师资队伍建设是思政课改革创新和马克思主义理论学科建设的基础。2020年年底，上外马克思主义学院提出师资队伍建设"五个一"项目，即在上海市高校示范马克思主义学院专项中单列经费，支持每学年每位教师主持、参加或完成至少一项思政课教学改革项目、一项课题研究、一次专业培训、一次国情调研和一次学术会议。师资队伍建设"五个一"项目旨在不断巩固和深化思想政治理论课教学改革创新和马克思主义理论特色学科建设，在示范马克思主义学院建设中为学校"双一流"建设做出应有的贡献。本系列丛书是"五个一"项目的部分成果。

阈中肆外，以梦为马。面对世界百年未有之大变局，实现中华民族伟大复兴的中国梦，培养堪当时代重任的时代新人，马克思主义理论学科建设恰逢其时，思想政治理论课改革创新大有可为。围绕建成国别区域全球知识领域特色鲜明的一流外国语大学的办学愿景，上外马克思主义理论学科致力在交叉融合中打造学科特色，贡献知识创新，开展前沿研究；围绕培养"会语言、通国家、精领域"的卓越人才，上外思想政治理论课致力于促进外语教学与思政教育、课程思政与思政课程、教师思政与学生思政的深度融合，加强价值引领，提升国家认同，增强政治定力；围绕建设外语院校特色的思政工作体系，上外马克思主义学院以党建引领，加强师资队伍建设，不断提升治理能力，扎根中国，胸怀天下，以梦为马，不负韶华。

编者

2022 年 9 月

目 录
CONTENTS

专题一：马克思主义基本原理

网络流行语	郑国玉	3
哲学有用吗？	陈蓓洁	13
"丰收饥饿"与乡村振兴战略的具体落实	王文臣	20
马克思被评为现今英国人心目中最伟大的哲学家	宫维明	27
价值和真理在实践中的辩证统一	曾德华	32
实践是检验认识真理性的唯一标准	孙秀丽	42

专题二：毛泽东思想和中国特色社会主义理论体系概论

全球气候变化治理的国际博弈	丁冬汉	51
"丁真走红"现象背后的地区脱贫实践	万继蓉	58
湖南湘西践行精准扶贫	刘露萍	65

武汉抗疫与韧性治理 ………………………………… 徐大慰 71
科学发展观形成的历史条件 ………………………… 钟　霞 77
中国：发展中国家，抑或发达国家 ………………… 门小军 84
松江区"河长制"河水治理 ………………………… 王宝珠 90
《共产党宣言》与中国革命 ………………………… 郭　琳 95

专题三：中国近现代史纲要

中国先进知识分子选择马克思主义的历史必然性 …… 于新娟 103
康有为的维新思想 …………………………………… 孔祥瑞 110
"五四"前后马克思主义的传播 …………………… 王　英 114
中国共产党成为抗日战争的中流砥柱 ……………… 郭慧超 120
为什么和如何学习中国近现代史？ ………………… 衣永刚 126

专题四：思想道德与法治

关于范跑跑事件的师德讨论 ………………………… 卞卓斐 139
干惊天动地事　做隐姓埋名人——观看文献专题片《我们走在大路上》第五集《壮志凌云》 ……………………… 蒙象飞 145
程序正当思维 ………………………………………… 徐小平 150
代代接力护生态 ……………………………………… 王甲旬 157

专题一：
马克思主义基本原理

网络流行语

一、基本信息

案例作者：郑国玉
所在单位：上海外国语大学
对应课程：马克思主义基本原理概论
对应章节：第三章　第一节

二、案例正文

（一）案例描述

2019年5月31日上午，由教育部、国家语言文字工作委员会发布的《中国语言生活状况报告（2019）》显示，国家语言资源监测与研究有声媒体中心利用语言信息处理技术，加上后期筛选，从国家语言监测语料库中共获得了320条2018年度新词。其中，"十大网络用语"由国家语言资源监测与研究有声媒体中心、商务印书馆等多家机构联合向社会公布，描绘了网民一年来的关注点与精神风貌。这十大网络用语包括：**锦鲤、skr、C位、官宣、确认过眼神、佛系、杠精、土味情话、皮一下、燃烧我的卡路里。**

在2020年6月2日的教育部新闻发布会上，由国家语言文字工作委员会编写的《中国语言生活状况报告（2020）》（以下简称"报告"）正式发布，报告显示，以下用语入选为2019年十大网络用语："不忘初心""道路千万条，安全第一条""柠檬精""好嗨哟""是个狼人""雨女无瓜""硬核""996""14亿护旗手""断舍离"。

2020年12月4日，《咬文嚼字》编辑部发布了2020年十大流行语，主编黄安靖表示，今年是流行语的"大年"，此次评选标准是一要反映时代特征，二要弘扬正能量，三要引导语文生活。以下用语入选为2020年十大流行语："人民至上，生命至上""逆行者""后浪""飒""神兽""凡尔赛文学""直播带货""双循环""打工人""内卷"。

(二) 思考讨论题

(1) 请同学们想一想，最近几年的"网络流行语"有哪些？如果你想不出，请看看老师PPT上打出的这些用语是不是当下的"网络流行语"。

(2) 这些"网络流行语"是如何出现的？其出现的背景故事是什么？

(3) 为什么这些用语会"热"起来？

(4) 这些用语的"热"说明了社会存在与社会意识是怎样的关系？

(三) 案例解析

这些流行语的语言情态和使用场景各不相同，涵盖了祝福、赞赏、戏谑、反讽等口吻，有些是被社会事件引发，有些是被明星带红，有些则是以出其不意的方式描述常见的交际行为和心态。

锦鲤：移动支付改变了大部分人的支付习惯，对日常生活产生极大影响。2018年国庆期间，支付宝还贡献出一个年度热词——锦鲤。当时，支付宝官方微博的转发抽奖活动将中奖人命名为"中国锦鲤"，与中国传统文化中"鲤鱼跳龙门"的说法产生微妙暗合，此后"锦鲤"便成了好运的象征，网友把运气好的人戏称为所在行业的"锦鲤"。

"skr"：文娱行业的风尚总是能够在网络上引发热议，年度十大网络流行语中有半数来源于此。"skr"本是嘻哈文化中模仿汽车轮胎摩擦的声音，因明星在综艺节目中使用而走红，后来被用来表示赞赏、认可，有时又因为与"是个"发音相似而被用来作为替代词，出现"你真skr人才"这样的趣味表达。

"C位"："C"是英文"central"的缩写，原指处于影视海报、舞台中心位置的艺人，后来用来泛指显著、重要的位置，许多人喜欢用"C位出道""占据C位"等说法，表示某人或事物的重要地位。

"官宣"：本是一对明星在微博上公布婚讯时"官方宣布"的

简化，流行后用来泛指正式宣布。

"确认过眼神"：出自歌曲《醉赤壁》中的一句歌词"确认过眼神，我遇上对的人"，不少网友反其道而行，衍生出"确认过眼神，是不想理的人"等戏谑的说法。

"佛系"：是2018年网络流行语中唯一的外来词，本源自日本某杂志所描述的喜欢独处、排斥与异性交往的男子，经过中国网友的本土化转化，用来指安然自适、随遇而安，凡事不愿计较的人，并衍生出如"佛系青年""佛系生活""佛系父母"等词。

"杠精"：指喜欢抬杠，不问是非、不讲道理，纯粹为反对而反对的人。

"土味情话"：原本是指直白的、因缺乏文学修饰而带着"土味"的爱情告白，在网友的戏仿中，逐渐有了幽默意味，颇具表现力。而网友这样的行为，正可以用另外一个流行语"皮一下"来形容，即调皮、淘气，不按常理出牌。

"皮一下"：这里的"皮"是调皮的意思，很好理解，该用语的意思就是调皮一下，其完整的说法是"皮一下很开心"，主要用来形容调皮，开一个很意外但很适宜的玩笑，让人措手不及地开心一下。该用语最早源自方言，走红于游戏解说，尤其是芜湖大司马在直播中经常使用，因此该用语最早在电竞圈中流行，后来使用范围逐步扩大，成为如今常见的吐槽类网络语。

"燃烧我的卡路里"：这是电影《西虹市首富》的插曲《卡路里》的一句歌词，这首歌因电影的传播而格外火热，女团粉丝+电影观众为这首歌的火奠定了基础，又因为歌词主题是"减肥"，常作为健身场所的 BGM 使用，令本句魔性歌词更加深入人心，更出现了众多改编作品。

"不忘初心"：意思是不忘记最初的心愿。习近平总书记在党的十九大报告中庄严宣告："中国共产党人的初心和使命，就是为中国人民谋幸福，为中华民族谋复兴。""不忘初心"不仅是中国共产党人为民服务的承诺，更成为全体中国人的誓言。通过网络传播和线下发酵，这一用语成为十大网络用语之一，可见人们对其认可度、拥趸度之高。这不仅仅是对一个用语的认可，更是对一种精神的认同和追随。其实，每个人都有一颗初心的种子，都应当寻找初心、牢记初心、保持初心，为实现自己的小目标努力奋斗，为实现中国梦添砖加瓦。

"道路千万条，安全第一条"：随着科幻电影《流浪地球》的热映，片中的这句台词彻底火了，"道路千万条，安全第一条"是1999年公安部交通管理局举办的交通安全口号征集活动的作品，原创者是张家港市一位名叫朱国芬的警嫂。《流浪地球》播出后，该用语被多地交警采用为交通安全宣传用语。网友仿照该句式创造出多种"××千万条，××第一条"的用法，使这一网络用语得到了更广泛的使用和传播。

"柠檬精"：也称柠檬人，柠檬人这个词最早出处是电竞圈，指的是 WE 战队的粉丝，其字面意思是柠檬成精，指嫉妒别人的人，现多用于自嘲式地表达对他人从外貌到内在、物质生活到情感生活的多重羡慕。

"好嗨哟"：完整的说法为"好嗨哟，感觉人生已经到达了高潮",该用语出自抖音一位网友的搞笑视频,视频中表演了他内心中的城里人和村里人蹦迪的不同之处,配上一段音乐,用的是当地的塑料普通话,搞笑的口音和表演让该用语就此走红网络,引得许多人模仿,用于表达很高兴和兴奋的状态。

"是个狼人":2018年8月24日,一微博博主发博文分享的内容中出现此用语,该条博文转发上万,该用语因此被更多人熟知。该用语由"是个狠人"演变而来,比狠人更狠一点。"狼人"多用来形容不按理出牌的人,含义有褒有贬,需要根据不同的语境来判断其究竟是夸还是骂。

"雨女无瓜":"雨女无瓜"来源于电视剧《巴啦啦小魔仙》,这部剧中有一位角色叫游乐王子,戴着花纹面具,是一位非常高冷的王子。这位角色的演员普通话发音有点不标准,人设又很高冷,经常说一句话就是"与你无关",因为口音听起来很像"雨女无瓜",所以有网友就把这四个字做成了表情包,并且经常用来调侃。

"硬核":硬核,网络流行词,译自英语"hardcore",原指一种力量感强、节奏激烈的说唱音乐风格,也引申指"面向核心受众,有一定难度和欣赏门槛的事物",如"硬核游戏"(hardcore game)指玩起来非常有难度的游戏。后来该词含义进一步引申,人们常用"硬核"形容很厉害、彪悍、刚硬,如"硬核规定""硬核妈妈""硬核玩家""硬核人生"等。

"996":指的是996工作制。早上9点上班,晚上9点下班,一周工作6天,称为"996",一般中午或者下午有一个小时的休息时间,一天的工作时间在10个小时以上,代表着中国互联网企业盛行的加班文化。

"14亿护旗手"：面对暴徒在香港把国旗丢进海中的暴行，央视新闻当天发布微博话题"五星红旗有14亿护旗手"并置顶，网友们纷纷留言、转发，表达热爱祖国、护卫国旗的真挚感情。

"断舍离"：出自日本山下英子所著图书《断舍离》，意思是把那些不必需、不合适、过时的东西统统断绝、舍弃，并切断对它们的眷恋，"断舍离"之后才能过简单清爽的生活。

"人民至上，生命至上"：2020年5月22日，习近平总书记在参加十三届全国人大三次会议内蒙古代表团审议时说："人民至上，生命至上，保护人民生命安全和身体健康可以不惜一切代价。""人民至上，生命至上"体现了共产党人"以人民为中心"的价值追求，我国之所以在抗疫战争中取得重大战略成果，最根本的原因就是坚持了这一指导准则。

"逆行者"：指出于职责和信念，在发生重大危险时不顾个人安危，迎难而上，去拯救他人的生命、财产的人，在2020年成为对在新冠肺炎疫情阻击战中涌现出的先进个人和集体的称呼。

"后浪"：2020年5月3日，bilibili网站献给新一代的青年宣言片《后浪》在央视一套播出，并登陆《新闻联播》前的黄金时段。该视频中，国家一级演员何冰登台演讲，认可、赞美与寄语年青一代。"你们有幸遇见这样的时代，但时代更有幸遇见这样的你们。"何冰坚定又深情的声音极具感染力，让不少青年人听得热泪盈眶。随后，这段演讲在朋友圈刷屏，有网友赞其为"《少年中国说》现代版"。而那句"心中有火，眼里有光"更是成了年轻人的代名词。

"飒"：本用以描写风声。现在流行的"飒"，特指帅气利落、潇洒清爽，多用于女性。新冠病毒肆虐神州大地，女性撑起了抗疫的大半边天。据统计，奋战在抗疫一线的医生中约有50%是女性，护士中女性超过90%。巾帼不让须眉，女性是战"疫"前线的"最美风景线"。用"飒"来形容她们，是全国人民对女性同胞最崇高的致敬。如今，"飒""真飒""又美又飒"已成为人们赞美奋战在各行各业各自岗位上女性同胞的常用语，在网络上广为传播。

"神兽"：神异之兽，本指中国古代民间神话传说中的动物。2020年上半年，因受新冠肺炎疫情影响，全国各地中小学延期开学，孩子们在家上网课。这些孩子活泼可爱却也调皮捣蛋，还智商超群，出格之事时有发生。他们在家学习，没有教师监管，家长不得不与之斗智斗勇，使出各种招数，犹如跟"神兽"相斗。家长们心力交瘁，盼望疫情早日平复，学校早日复课，尽快让"神兽归笼"。"神兽"便成为疫情期间居家上网课的孩子的代称。

"凡尔赛文学"：也被简称为"凡学"，是网友对热衷于通过先抑后扬、自问自答或第三人称视角，不经意间露出"贵族生活的线索"的人的调侃，这类人也被网友戏称为"凡尔赛玫瑰"。"凡学"创始人、网友小奶球最初留意到这种现象源于朋友向她吐槽，有人每天在社交平台上描述享用的高档酒店、奢侈品、红酒，字里行间透着"淡淡"的优越感。小奶球表示，她是从讲述18世纪末法国凡尔赛宫贵族生活的日本漫画《凡尔赛玫瑰》中找到的灵感。"就想用这个词嘲讽那些人，他们无疑就是想用一种朴实无华的语气来表达高人一等的感觉。"

"**直播带货**"：直播带货，是指通过淘宝、京东、苏宁、拼多多等电商平台以及抖音、快手、小红书等互联网平台，使用直播技术进行近距离商品展示、咨询答复、导购的新型服务方式，或由店铺自己开设直播间，或由职业主播集合进行推介。

"**双循环**"：源于2020年5月14日，中共中央政治局常委会会议首次提出"深化供给侧结构性改革，充分发挥我国超大规模市场优势和内需潜力，构建国内国际双循环相互促进的新发展格局"，之后"新发展格局"在多次重要会议中被提及。2020年12月16日，"双循环"入选国家语言资源监测与研究有声媒体中心发布的"2020年度中国媒体十大新词语"。

"**打工人**"：指的是打工的人。以前提到这些人都会称其为打工仔或者民工。但是打工仔和民工多多少少有一些歧视的意味。于是这些人自称为"打工人"，形容当代都市人为了生活每天工作。

"**内卷**"：本意是指人类社会在一个发展阶段达到某种确定的形式后，停滞不前或无法转化为另一种高级模式的现象。"内卷"最早的出处是几张名校学霸的图片。现在用来指代很多高校学生非理性的内部竞争或"被自愿"竞争。该词在大学生中广为流传，屡次出圈，引起了一波又一波网络讨论。

这些网络流行语轻松活泼，甚至不乏戏谑搞笑，既折射出人们在生活中所面对的共同境遇，也蕴含着在当今社会具有高度认同感的情感态度。网络流行语是语言系统对现实社会迅速、直接的反映，是反映社会文化的符号，不仅代表着当下人们的生活状态与精神面貌，而且一定程度上反映着社会文化环境的变化。从这些网络流行语出现到流行的过程，我们发现，社会存在和社会意识是辩证统一的。社会存在决定社会意识，社会意识是社会存在的反映，并反作用于社会存在。社会存在是社会意识内容的客观来源，社会意识是社会物质生活过程及其条件的主观反映。社会意识产生的基础是人类的社会实践，实践的能动性决定了社会意识反映社会存在的能动性。所以，社会意识根源于社会存在，是对以实践为基础的不断变化发展的现实世界的反映。随着社会存在的发展，社会意识也相应地或早或迟地发生变化和发展。

（四）教学反思

这些网络流行语为青年学生们所喜闻乐见，有的同学平时也会在生活中有意无意地用到这些用语，所以学生们在课堂上非常积极地参与课堂讨论，大家举出了许多除了我列举出来的之外的一些网络流行语并津津乐道。课堂气氛活跃，学生参与度非常高，大家在轻松愉快的讨论与学习中，弄清楚了网络流行语的重组、构建、取舍、传播及运用，叙述与凝缩的是这个一日千里、价值多元、蒸蒸日上的时代倩影。同时，也基本弄清楚了马克思主义关于社会存在与社会意识的辩证关系的原理：社会意识是人们进行社会物质交往的产物；社会意识是在生产中由于交往活动的需要而产生的；社会意识是具体的、历史的。每一时代的社会意识都有其独特的内容和特点，具有不断进步的历史趋势，但不管怎样变化、发展，其根源总是深深地埋藏于经济的事实之中。

哲学有用吗?

一、基本信息

案例作者:陈蓓洁

所在单位:上海外国语大学

对应课程:马克思主义基本原理概论

对应章节:第一章 第一节

二、案例正文

(一)案例描述

"哲学社会科学是人们认识世界、改造世界的重要工具,是推动历史发展和社会进步的重要力量,其发展水平反映了一个民族的思维能力、精神品格、文明素质,体现了一个国家的综合国力和国际竞争力。一个国家的发展水平，既取决于自然科学发展水平，也取决于哲学社会科学发展水平。一个没有发达的自然科学的国家不可能走在世界前列，一个没有繁荣的哲学社会科学的国家也不可能走在世界前列。"①

"历史表明，社会大变革的时代，一定是哲学社会科学大发展的时代。当代中国正经历着我国历史上最为广泛而深刻的社会变革，也正在进行着人类历史上最为宏大而独特的实践创新。这种前无古人的伟大实践，必将给理论创造、学术繁荣提供强大动力和广阔空间。这是一个需要理论而且一定能够产生理论的时代，这是一个需要思想而且一定能够产生思想的时代。我们不能辜负这个时代。"②

（二）思考讨论题

（1）总书记这段话对哲学的作用给予了高度评价。您是如何理解的？哲学对于一个国家，进而对于人类社会来说，真有这样的作用吗？

（2）哲学与时代是什么关系？当代中国所面临的时代独特性是什么？为什么说"这是一个需要理论而且一定能够产生理论的时代，这是一个需要思想而且一定能够产生思想的时代"？

（3）我们应该做些什么？

（三）案例解析

（1）美国哲学家詹姆士曾经说过："哲学不能烤面包！"意思

---

① 习近平. 在哲学社会科学工作座谈会上的讲话［N］. 人民日报，2016-05-19（02）.
② 习近平. 在哲学社会科学工作座谈会上的讲话［N］. 人民日报，2016-05-19（02）.

是说，哲学并不能给你带来实际利益。在绝大多数人眼中，哲学就是这样一种无法给人带来实际利益的学问。各种哲学爱好者也在这一意义上承认哲学的无用，但同时会以"无用之大用"来为哲学之用进行辩护。在这样的民众共识中，总书记的这段话就显得特别语意深长。到底应该如何理解这段话，并进而明白哲学之真用呢？

在第一段话中，总书记对哲学的作用、地位和意义给予了极高评价，认为哲学"是人们认识世界、改造世界的重要工具，是推动历史发展和社会进步的重要力量，其发展水平反映了一个民族的思维能力、精神品格、文明素质，体现了一个国家的综合国力和国际竞争力"。这样的评价基本将哲学抬到了与科学一样的地位。

如果这段话的主语换成自然科学，自然不会产生任何疑问。但主语是哲学，就会让人心生疑虑，哲学真的担负得起这样的评价吗？在一般人的印象中，哲学讨论的都是比较务虚的问题，比如世界的本质是什么，人与自然的关系是什么，人活着的意义是什么。这些问题在今天似乎不能引起人们思考的热情，或许是因为，现代科学通过它卓越的实践已经为时代奠定了对真理样态最基本的理解，这种理解又进一步支配了人们社会生活几乎所有向度的展开。所以海德格尔不无道理地说，哲学终结了，终结在现代科学中了。

今天的哲学，处境是尴尬的。作为理论化、系统化的世界观，而这个世界观又已经完成了它的科学化，那么哲学在今天的任务便只能是对各种科学规律进行概括和总结。海德格尔曾经说过，"现今的哲学只知道跟在科学后面亦步亦趋"。虽是批评之语，但从哲学的角度来看，却也包含了哲学英雄末路、生不逢时的苦涩。既生瑜，何生亮呀。而在教授哲学的课堂中，教师除了将哲学的古旧知识拿出来演说一番，以满足哲学爱好者的理论兴趣外，这样的演说对当下的社会生活和时代，还具有怎样的真理意义呢？

好在情况并没有那么悲观。当海德格尔说哲学终结了的时候，他并没有停止自己思想的运思，作为一个哲学家，他要开启思的任务：当海德格尔把现今哲学都归在跟在科学后面亦步亦趋的范围中时，他指出了马克思哲学的与众不同。他说，现今的哲学"误解了这个时代的两重独特现实，经济发展以及这种发展所需要的架构"，而"马克思主义懂得这双重的现实"。

因此，今天的哲学是不是还具有真理的意义？答案是显然的。只是这个真理的维度，对于很多人来说，依然是陌生的。总书记的这段话，便从一个侧面提醒我们要去重视哲学的学习，特别是重视那些把握了这个时代的历史性本质，并因此不会被时代本质所限制，从而对新的文明类型有所领会和体察的哲学的学习。比如，马克思哲学。

（2）反对哲学跟在科学后面亦步亦趋，并非否定哲学的时代性。诚然，任何一种哲学无论多么高深，都是那个时代的产物，都深深植根在那个时代的土壤中。然而这并不意味着哲学只能消极地整合时代素材，在时代已经开辟出来的疆土上做些清点和扫尾的工作。哲学的时代性恰恰要求哲学深入现实、把握现实。这种深入和把握的能力为哲学所独具，无出其右。只要一种哲学没有丧失其最本质的精神品格，它一定会去承担这个时代的使命和要求。在这个意义上，黑格尔盛赞哲学是被把握在思想中的时代，马克思将之表达为，哲学是时代精神的精华。总书记的第二段话，就在指明哲学和时代之间的密切关系。

纵观哲学的历史，我们不难发现，人类历史的每一个重要转折时期，都有哲学活动的身影，它以自己的方式参与着历史真理的建构。当苏格拉底以哲学的人格化存在游走于雅典街头时，高度宗教化的城邦居民都为之侧目。虽然不被理解，虽然屡遭嘲笑，甚至最后以对神不够尊敬为由被判处死刑，但人类却从此踏上了以哲学的方式追求真理的道路。近代自然科学的起步，如果没有那个时代哲学家们的努力奠基，扫清路障，是不可想象的。事实上，只有通过哲学，时代的要求才得以表达，一个时代才获得它的自我意识。至此，这个时代才真正成熟起来，迈入它自觉发展的坦途。这就是为什么说，社会大变革的时代，一定是哲学大发展的时代。

"当代中国正经历着我国历史上最为广泛而深刻的社会变革，也正在进行着人类历史上最为宏大而独特的实践创新。"这一前所未有的社会变革和实践创新，被十九大报告归纳总结为中国特色社会主义进入新时代。有学者将这个时代之新意表述为三种叙事：首先，它是一个关于中华民族的叙事，即中华民族实现了从站起来、富起来到强起来的历史性飞跃；其次，它也是国际共产主义运动的叙事，因为中国共产党人在21世纪高高举起了中国特色社会主义伟大旗帜，为科学社会主义注入了强大的生机和活力；最后，它是关于世界历史发展的叙事，即中国特色社会主义事业的不断发展，为解决人类问题贡献了中国智慧和中国方案。在这三种叙事的基础上，中华民族的伟大复兴才是可能的，这一复兴才真正超越了国别的局限性而具有世界历史意义，即中华民族在完成现代化任务的同时，在占有现代文明积极成果的同时，正在卓有成效地开启一种新文明类型的可能性。

这一历史的成功转折中，哲学的把握和建构是不可或缺的。故此，总书记才说："这是一个需要理论而且一定能够产生理论的时代，这是一个需要思想而且一定能够产生思想的时代。"

（3）既然哲学的发展关系到一个民族的思维能力、精神品格、文明素质，那么如果这个民族中的绝大多数人都对哲学不了解，也不关心，将之视为脱离现实的宏大叙事而拒斥，那么我们的民族又如何提高精神品格、思维能力、文明素养和国际竞争力呢？

这并不是说，每个同学都要去哲学系进行专业学习，这不现实也不可能。但是如果每位同学都可以在青年时期培养一种对哲学的爱好，培养一种愿意深入现实、观察现实并把握现实的能力，激发内心对于追求真理的无限热望，那么，这便是对哲学谨慎品质的最好继承。

让我们来做快乐的哲学人吧，共同追求真理的光芒！一起欣赏歌曲《哲学有点甜》。

（四）教学反思

哲学到底有什么作用？这是进入马克思主义哲学部分的教学时，首先需要阐明的问题，也是学生们一直困惑的问题。如果对这一问题不能做出令人信服的解答，将直接影响学生对哲学学习的兴趣和动力。

选择总书记的两段话来做案例教学，原因有二：首先，这两段文字表达确实深刻和到位，用于诠释这个问题非常适合。其次，因为是总书记讲的，可以引起学生足够的重视。

此案例在实施过程中，学生们最开始会产生三种态度倾向：一种是认为总书记讲得很对，没有任何问题，对哲学作用的评价很到位；另一种则认为，好像有点高估哲学的作用了，为什么要把哲学抬得那么高，不是很理解；第三种，鉴于是总书记讲的，不好意思认为是错的，所以采取折中方式，觉得哲学对一个民族来说是重要的，但对于个人来说，则可有可无。

通过对问题的一点点引导和讨论，基本可以让持三种态度的同学都对问题有进一步理解。特别是第一种同学，看上去非常赞同，但实际上却对此缺少深入思考和理解。在教师的进一步引导下，比如问："如果大家都充分认同哲学的作用，那为什么平时生活中绝大多数人对哲学没什么兴趣，却也不觉得有什么不妥呢？"此时学生会突然哑口无言，态度的表达和内心实际选择的不一致，只能说明对于哲学作用的理解是肤浅的。

"丰收饥饿"与乡村振兴战略的具体落实

一、基本信息

案例作者：王文臣

所在单位：上海外国语大学马克思主义学院

对应课程：马克思主义基本原理概论

对应章节：第一章　第一节

二、案例正文

（一）案例描述

材料一：2009 年 9 月 7 日《朝日新闻》一则新闻标题是"水果堆积如山，蔬菜随意放置"。照片里堆积如山的花菜，还来不及被发货、进入市场，就要被拖拉机或耕作机埋入土里，腐烂成为肥料。通过照片我们看到，农田背后就是新建的都市住宅，这种近郊农家种植的蔬菜本应送到市中心，但现实是丰收的农作物不得不废弃。①

材料二：2011年11月，"萝卜哥"河南滑县农民韩岗的80多亩萝卜滞销。他决定免费赠送给市民食用，韩岗说："如果有福利机构想要，可以优先送给他们。"媒体刊登消息后，引来三万人拔萝卜，菜农的萝卜被拔光了，种的红薯竟然也被偷挖走2万斤。几天来，韩岗家损失数万元。②

材料三：在黑龙江黑河市孙吴县沿江乡大桦林子村，桦林现代农机专业合作社理事长吴德显正在组织合作社社员卖粮。2020年合作社种植2.6万多亩地，其中水稻5000亩、平均亩产1100多斤，玉米8000多亩、平均亩产1000多斤，大豆1.3万多亩、平均亩产240多斤。吴德显说，2020年粮食产量虽没有预期好，但略微高于去年水平，粮食收购价格也高于去年。其中，湿玉米价格每斤0.95元，大豆价格每斤2.4元，扣除土地租金、劳动力成本以及种子、农药、化肥等投入成本，租种的土地每亩纯收益在250元左右，自己承包的土地每亩纯收益500多元。从各方面看，粮食价格上涨势头难以持续。从生产看，我国粮食生产连获丰收，种植结构不断调整优化，优质品种数量增加，粮食安全形势持续向好。从进口看，目前新冠肺炎疫情对国际粮食贸易供应链、物流链并未造成实质性影响。

---

① ［日］宫川彰. 解读《资本论》（第一卷）［M］. 北京：中央编译出版社，2011：3.
② 毕晓哲. "万人拔萝卜"是一张公德试纸［EB/OL］. 中国新闻网，2011-11-30.

对广大农民来说，2020年又是一个丰产又丰收的好年景，粮食市场价格较上年有所上涨。但粮食价格上涨也引发了社会对粮食安全的普遍担忧。确保粮价稳定，走出"谷贱伤农、米贵伤民"的怪圈，对保障国家粮食安全至关重要。

（二）思考讨论题

（1）饱含劳动和汗水的萝卜没有价格，而自然恩赐的土地、商品不但有价格还很昂贵，对此你有何看法？

（2）新时代乡村振兴战略如何因地制宜地得以贯彻？

（3）这种现象对于理解生产——实践——社会生活的本质有何现实意义？

（三）案例解析

1. 三则材料反映的共同点

首先，就萝卜的使用价值或人的需求来说，萝卜没有过剩（否则人们不会争抢）；就萝卜、蔬菜、水果的价值，特别是能否带来利润这一点来说，的确是一种过剩，就此而言可把上述三则材料共同点概括为"丰收饥饿"现象。

其次，在中国，造成这种现象的经济学原因可概括为：物流成本过高；菜农缺乏对市场需求信息的了解，或市场供求信息不对称；菜农无利可图；销售所得远远低于销售成本，所以宁肯不卖，以爱心的方式处理等。

最后，马克思指出，在资本主义社会中，造成"丰收饥饿"现象的根源不在于劳动者本人、劳动过程，而在于资本本身。相对于资本对利润的追逐来说，就是相对过剩的生产。最终导致丰收的成果被处理掉不能进入厨房，从而达到获得尽可能多利润的目的。

总之，这种追逐利润最大化的劳动与马克思所说的"一切人类生存的第一个前提，也就是一切历史的第一个前提"完全不同。[①]马克思将前述劳动概括为"异化劳动"，处于"异化劳动"中的劳动者状态如何呢？

马克思指出："他在自己的劳动中不是肯定自己，而是否定自己，不是感到幸福，而是感到不幸，不是自由地发挥自己的体力和智力，而是使自己的肉体受到折磨、精神受到摧残。……他的活动属于别人，这种活动是他自身的丧失。"[②]

2. 新时代乡村振兴战略因地制宜地贯彻执行的方式

第一，多种措施并举稳定粮价。原因在于保障国家粮食安全，首先要稳定和提高粮食综合生产能力。在具体贯彻落实中，要稳定粮食播种面积，落实粮食安全省长责任制，扭转一些地方忽视粮食生产的倾向。

第二，要继续深化粮食产销合作，顺应粮食"大流通"形势，构建一个稳定的粮食自由流通体系，完善供应链，有序搞好搞活国内粮食购销，确保粮食跨区域有序流通。

3. "丰收饥饿"现象的理论与现实意义

第一，这种现象下的劳动与"社会生活在本质上是实践的"观

[①] 中共中央马克思恩格斯列宁斯大林著作编译局. 马克思恩格斯选集（第一卷）[M]. 北京：人民出版社，1995：78.

[②] 马克思. 1844年经济学哲学手稿[M]. 北京：人民出版社，2000：54-55.

点下的劳动状况完全相反。

具体地说就是："丰收饥饿"中的劳动概念是一种被动的、痛苦的，甚至是强迫的劳动，是一种非真实状态的"异化劳动"；马克思说的"社会生活在本质上是实践的"语境下的劳动，是指生产劳动是伴随人类历史的生存方式，也是人类自身的生存方式，这种生存怎会是一种痛苦的、被迫的生存与劳动呢？

第二，付出劳动和汗水的萝卜没有价格，但自然恩惠的土地等却价格昂贵，这归根到底是由资本本性决定的。

劳动产品或生产设备相对于什么而过剩？相对于劳动者本人和社会需求来说并没有过剩，但相对于资本及其逐利本质来说就是一种过剩。当资本无利可图时，资本会阻止生产设备的运转、销毁待售商品，试图通过改变市场供求而带来利润。

进一步说，很多原本不具有价格的东西在当代却具有了价格，都是一种非正常的异化状态，如选票、人格、人性、奖牌等。这有利于我们理解社会生活首先应表现为物质生活关系、实践首先是生产实践，并对生产劳动在当代处于异化状态具有很好的证明作用，也说明马克思的结论在当代未过时，仍在发挥解释当代社会的理论作用。

第三，现实意义是：当代中国能够在社会主义本质、生产目的等根本问题所提示的领域内组织社会生产，从根本上区别于资本主义生产的唯利是图本质。对社会生活的本质理解，就在于能够在社会主义目的与生产方式视域内，体现出党的性质宗旨与社会主义现代化建设的宏伟目标的内在一致性。

（四）教学反思

本次课程以"丰收饥饿"为切入点，抓住社会生活中生产过剩及其解决路径等分析，达到两个教学目的：（1）区分两种不同社会制度下生产的本质，理解马克思主义经典理论的理论立场；（2）理解新时代中国特色社会主义的发展，如何在落实乡村振兴战略的基础上实现更高质量的发展。反思本次教学活动，针对存在的问题，在改进思路等方面做出如下分析。

第一，正确看待并分析当前社会的劳动问题。

当前社会在生产实践中存在诸多问题，如劳动合同争议、工资拖欠、劳动环境与劳动者待遇差等。造成上述问题的根源在于马克思在《1844年经济学哲学手稿》中所谈到的"异化劳动"现象。

具体地说就是，当前社会特别是在民营与外资企业中存在的劳动环境与劳动者待遇差的问题，与资本及其追逐利润的本性密切相关，即此种语境下的劳动仍是马克思哲学研究的异化劳动。只要未脱开资本的控制，那么马克思在《1844年经济学哲学手稿》中所阐释的异化劳动理论及其解决方式对于当代解决现实劳动问题就具有实际的指导意义。

第二，树立尊重劳动、热爱劳动的人生观。

"社会生活在本质上是实践的"告诉我们：社会生活首先表现为物质生活，而物质生活满足的基础是生产实践，所以离开生产劳动，人类历史以及人类自身都将无法存在。

这就要求我们把生产劳动放在人类生存与人类历史发展的高度来理解。离开实体经济的生产，靠虚拟经济、泡沫经济或土地财政甚至房地产最终都不能真实地增加社会财富。社会财富增加、人民生活水平的提高最终要靠实体经济的发展而不是虚拟经济。因此尊重劳动、热爱劳动的观念至关重要。

马克思被评为现今英国人心目中最伟大的哲学家

一、基本信息

案例作者：宫维明

所在单位：上海外国语大学马克思主义学院

对应课程：马克思主义基本原理概论

对应章节：导论 第一部分

二、案例正文

（一）案例描述

谁是现今英国人心目中最伟大的哲学家？这是英国广播公司广播四频道《在我们这个时代》栏目最近所做的一个调查。7月14

日公布的调查结果显示，共产主义理论奠基人卡尔·马克思以27.93%的得票率荣登榜首，居于第二位的苏格兰哲学家大卫·休谟得票率为12.6%，远远落在其后。柏拉图、康德、苏格拉底、亚里士多德等更是望尘莫及，黑格尔甚至没进前20名。发起这个评选的栏目主持人布拉格说，刚开始看到马克思得到这么多票感到很吃惊，不过仔细想想也不觉得这有什么奇怪。马克思似乎对全世界的主要问题都给出了答案，这非常迎合人心。例如，马克思指出历史是阶级斗争的产物；思想是人的特性，是经济环境的产物。人们喜欢一个核心解释。马克思还说，哲学家解释世界，而他要改变世界。布拉格认为马克思当选为最伟大哲学家有诸多因素，但是能够解释一切的理论是他夺冠的最重要原因。值得一提的是，在英国广播公司评选"最伟大的哲学家"过程中，英国《经济学家》杂志曾经号召其读者把马克思从候选名单上拉下来，希望读者选休谟。《经济学家》认为，马克思已经过时了，而资本主义是有效的，等等。但英国公众做出了自己的选择。

（二）思考讨论题

（1）你心目中最伟大的哲学家是谁？为什么是他？

（2）马克思当选为英国人心目中最伟大的哲学家对你有什么触动和启发？

（3）马克思的墓志铭上镌刻有这样一行字，即他在《关于费尔巴哈的提纲》中写下的名言——"哲学家们只是用不同的方式解释世界，而问题在于要改变世界"，请问如何结合马克思的生平经历来理解这句话？

(三) 案例解析

在人类历史发展的长河中，从来没有任何一种理论像马克思和恩格斯所创立的马克思主义那样，引起整个人类思想发展史的巨大反响。马克思主义从根本上改变了人们观察自然、社会和自身的思维方式，开辟了人类思想发展史的新纪元。除了本教学案例，新世纪在欧美发达资本主义国家举行的有关最伟大思想家的评比活动中，马克思多次高票当选，这充分说明马克思主义仍然在世界范围内具有重大影响力。

马克思主义哲学是马克思主义的重要组成部分，而德国古典哲学是马克思主义哲学的直接理论来源。德国古典哲学指18世纪下半期至19世纪上半期德国资产阶级在其形成、壮大和准备资产阶级革命时期的哲学，包括康德、费希特、谢林、黑格尔、费尔巴哈等人的哲学。德国古典哲学的最高成果是黑格尔的辩证法和费尔巴哈的唯物主义。黑格尔最卓越的贡献是辩证法，他是哲学史上第一个以唯心主义的形式系统地、有意识地叙述辩证法的基本规律即对立统一规律、质量互变规律、否定之否定规律的哲学家。黑格尔把人类社会历史描述为由低级到高级的前进过程，认为历史的发展具有必然性，不以个人的意志为转移。但黑格尔的辩证法和历史观是唯心主义的，具有明显的神秘主义色彩，并且没能把发展的观点坚持到底。马克思和恩格斯吸取了黑格尔辩证法中的合理思想，彻底批判了它的唯心主义和神秘主义，对它进行了根本改造，创立了唯物辩证法，将辩证唯物主义和历史唯物主义的思维方式贯彻到底。此外，费尔巴哈是德国古典哲学的最后一位代表，是黑格尔哲学和马克思主义哲学的中间环节。费尔巴哈的伟大功绩在于，他旗帜鲜明地批判了宗教神学和唯心主义，恢复了唯物主义的权威。但是费尔巴哈的唯物主义和一切旧唯物主义一样有着严重的缺陷，它是机械的、形而上学的唯物主义，在历史观上仍然是唯心主义，也就是我们俗称的"半截子唯物主义"。马克思和恩格斯从来没有完全赞同和接受费尔巴哈的哲学思想，只是吸收了他的唯物主义的基本思想，同时摒弃了他的抽象的人本主义和自然主义，清除了他的理论中的形而上学和唯心主义杂质，避免其负面影响。

马克思和恩格斯从德国古典哲学中汲取了充足的养料，并成功地对其进行了"扬弃"，创建了在哲学史上具有重要地位的马克思主义哲学。马克思主义哲学主要包括以下基本观点：关于世界统一于物质、物质决定意识的观点，关于事物矛盾运动规律的观点，关于实践和认识辩证关系的观点，关于社会存在决定社会意识的观点，关于人类社会发展规律的观点，关于阶级和阶级斗争的观点，关于人民群众创造历史的观点，关于人的全面发展和社会全面进步的观点。马克思主义哲学把唯物主义和辩证法、唯物主义自然观和唯物主义历史观结合起来，创立了包括自然界和人类社会生活在内的完备而彻底的唯物主义哲学，从而在哲学领域实现了变革。

众所周知，在马克思主义的指引下，中国共产党带领中国人民走上了民族复兴之路。当前，中国特色社会主义进入了新时代。当代大学生要立志成为能够担起民族复兴大任的时代新人，就需要有宽广的视野、开阔的胸襟和高远的理想，需要关心国家的发展、民族的前途和人类的命运，需要对宇宙、社会和人生有深刻的理论思考，为此就需要学习和运用马克思主义哲学。

（四）教学反思

该教学案例安排在导论部分，有助于当代大学生认识到马克思主义理论的当代价值。马克思主义理论诞生于 19 世纪中期，所谓"马克思主义过时论"的错误论调在大学生中仍有一定影响力，此案例可以生动地向学生们展示，即使在欧美发达资本主义国家，马克思主义理论对普通民众仍然具有强大的吸引力和说服力。我们更应该努力学习和把握马克思主义的基本立场、观点、方法，领会马克思主义的精髓要义。只有这样，才能形成正确的世界观和方法论，培养科学的思维方式，增强分析问题和解决问题的能力。

不过，在教学过程中也有少数学生认为这个案例不具有普遍性，只是一个特殊案例，不足以说明问题。所以，在今后的教学中，在运用此案例进行教学时，还可以将类似评选新闻收集在一起，以证明马克思主义在多个国家所具备的实际影响力。

价值和真理在实践中的辩证统一

一、基本信息

案例作者： 曾德华

所在单位： 上海外国语大学

对应课程： 马克思主义基本原理

对应章节： 第二章第二节——价值和真理在实践中的辩证统一

二、案例正文

（一）案例描述

黄禹锡，韩国首尔国立大学干细胞科学家。孩提时代帮母亲照顾生病的牛，从而立下做兽医的志向。他埋头苦读，终于考上首尔国立大学兽医系，29岁成为教授。此后，黄禹锡将一切金钱、精力、时间都投放到实验室，1995年研制出超级乳牛，1999年培育出全球首只克隆牛，随后更培育出全球首只克隆狗。这些成果，令他成为国际生命科学领域的权威人物。

然而，2004年2月12日，在美国科学促进会年会上，黄禹锡公布，他通过克隆技术成功获得了胚胎干细胞系。2005年5月19日，黄禹锡再次在《科学》杂志上发表论文，宣布他的研究组为11名患者"量身定做"克隆出了相应的干细胞系。凭借这些骄人成就，黄禹锡很快成为韩国的"民族英雄"和"韩国最高科学家"。但是这些进一步的成就是有瑕疵的：人文向度的缺失。伦理学家认为，黄禹锡手下的研究人员捐献卵子，会在两个问题上违反科研伦理：一是黄禹锡和手下的研究人员处于领导和被领导的关系，捐献者可能迫于权力的压力，导致捐献行为不是自愿的；二是捐献者不应该同时又是研究的参与者，这有可能影响研究结果的客观公正性。

（来自网络，但有阅读正规文献资料并据以改编）

（二）思考讨论题

（1）如何理解真理与价值在理论上的辩证关系？

（2）怎么在实践中应用真理与价值的辩证关系？

要求：运用马克思主义基本概念、原理和理论分析，阐发马克思主义关于真理与价值关系的重要论述。

（三）案例解析

本案例的解析从对"大学生"定义的重构开始。

步骤 I：问题导入

清华大学老校长梅贻琦说，所谓大学者，非谓有大楼之谓也，有大师之谓也。上海《文汇报》2014 年 4 月 12 日在报道上外金贸学院罗雪梅教授教书育人先进事迹时说，对大学和教师而言，所谓"大师"不仅以学问为大，更重要的要以学生为"大"。

讨论：以学生为"大"究竟是什么意思？

说明：邀请前排同学依次发言，提供几种可能的见解。

问题：如何做一个"大学生"？

从对"大学生"的理解入手，阐述我们应该如何看待大学生以及如何做一个合格的大学生。在此，任课教师有必要用公式化的语言来表述自己个性化的观点，同时过渡到本案例的主题，即"科学精神"和"人文精神"，它们和"大学教育"一起构成三个关键词。

链接："为什么我们的学校总是培养不出杰出人才？"

这是著名的钱学森之问，也是钱老的临终遗言，非常沉重，却不容我们回避。因此，对于大学生来说，如果只关注个人问题，或者个人问题中的小问题，我们是有愧于"大学生"这个称号的，毕竟社会对我们的期待很高，特别是名校的学生。

步骤 II：分析讲解

在实践中，任何问题的解决，特别是那些大的问题的解决，需要同时遵循真理尺度和价值尺度。对于大学生来说，大学精神的坚持和弘扬体现在对这两个原则的理解和尊重方面，这意味着真善美的统一。大学生正处于世界观和人格的形成发展时期，应大力弘扬科学精神和人文精神，全面提高自身素质，力争成为有大用之才。

1. 真理尺度和价值尺度的辩证关系

在西方，古希腊哲学主要关注本体论问题，近代以后的哲学很长一段时间都在处理认识论问题。19世纪中期以后，西方社会迅猛发展的科学技术和日益繁荣的商品经济，在给人们的社会生活带来前所未有的变化的同时，也造成了前所未有的社会矛盾和精神危机，于是"价值"问题逐渐凸显出来。我国学界对价值问题的广泛研究是从20世纪80年代开始的，这些研究主要聚焦一个哲学问题：真理尺度和价值尺度的辩证关系。

（1）先行介绍学术界关于这个问题的基本见解

关于真理尺度和价值尺度的关系有两种基本观点：①主要强调二者的对立；②主要强调二者的统一。两种观点都有偏颇。

补充：普罗泰戈拉"人是万物的尺度"

公元前5世纪古希腊智者普罗泰戈拉有一个哲学命题讲道："人是万物的尺度。"意思是说，事物的存在是相对于人而言的。19世纪以前，多数思想家将普罗泰戈拉的这个命题看作诡辩论，直到德国哲学家黑格尔，才从认识史发展的角度，肯定这个命题体现了思维的能动性，因为它触到客观与主观的关系问题。

（2）详尽阐述真理尺度和价值尺度的辩证关系

①成功的实践是以真理和价值的辩证统一为前提的。

我们做事情若要成功，必须同时满足两个条件：按科学规律办事；满足人的需要。这个问题其实很复杂：一方面，需要是分层次的；另一方面，社会规律比自然规律还要难以把握。我们过去常说现在也说：到祖国最需要的地方去。这句话再正常不过了。现在年轻人求职时主要考虑两个问题：自己的本事有多大？哪个地方最适合我？当毕业的时候，你若不按实际本领来选择职业，就有可能徒劳无功；若你不能同时处理好自己的需要和别人（就业目的地）的需要之间的关系，结果也会不好。我们习惯于把时间、精力和金钱大量地花费在第一个问题上，却很少关注应该不应该的问题。中国工程院院士在《南方周末》上说，三峡工程论证过程中很遗憾少了一位哲学家，是有道理的。

②真理尺度和价值尺度是彼此统一的。

我用"彼此"这个词，说明二者不能等同，真理尺度和价值尺度是两个完全不同的概念，两者有着各自不同的特点和功能，不可以彼此替代或消解，比如，真理尺度是外在的物的尺度，它要求我们必须遵从客观事物的本质和规律，尽量与事物的本来面目相吻合；价值尺度是内在的人的尺度，它要求我们必须使客观世界符合人的生存和发展。真理尺度说明"是什么"，价值尺度讲的是"应当"。但它们也不是排斥的关系，可以彼此统一起来。

注释：真理是有用的，但有用的并不一定就是真理。美国实用主义哲学家詹姆士的观点是错误的。在有用的东西中包含着真理的因素，但是不能用人的内在尺度去消融和替代物的尺度。

以下用于说明真理尺度和价值尺度之间的统一关系：

第一，真理是价值的质。以商品为例，我们说，劳动是价值的质，如果没有这个东西，价值就不存在。同理，一个东西如果不是或不符合真理，那么这个东西就没有价值，或失去它的现有价值。

当今社会有一些不真的东西，虽然很多人认为它们依然是有价值的，但是我要说，那顶多是安慰或者说没有办法的办法。其中，有些问题的解决不是我们加强心理辅导可以完全解决的，所以问题不在心理，而在社会。马克思高明的地方就在于，他在批判资本主义的时候对资本家说，你不用对此负责，我不是在批判你。在马克思看来，资本家是资本的人格化，他只是执行资本的职能罢了。

第二，价值是真理的魂。在哲学史上，德国哲学家黑格尔说，自由是对必然的认识。然后我问同学，按照黑格尔的观点，谁是世界上最自由的人，结果我发现同学们都是科学家，却没有一个同学说出"科学家"这三个字。恩格斯在这个问题上也非常高明，他在《反杜林论》中说了这么一句话："自由不在于幻想中摆脱自然规律而独立，而在于认识这些规律，从而能够有计划地使自然规律为一定的目的服务。"所以，真理不只是获得就完事了，还要服务于一定的目的，体现出价值。

教师总结：真理尺度和价值尺度在实践基础上的统一只能是具体的历史的统一，而不可能是绝对的和完全的。

③真理尺度和价值尺度是互相作用的。主要是从相互制约、相互引导、相互促进三个方面来讲，还可以联系实践是检验真理的唯一标准，实践检验真理主要是看有关价值实现的情况。

2. 坚持和弘扬科学精神和人文精神

我们刚才讲了一个哲学原理——真理尺度和价值尺度的辩证关系，接下来我们把这个理论和实际联系起来，就是说，我们在实践中应该怎么做的问题，即要坚持和弘扬科学精神和人文精神。

（1）什么是科学精神和人文精神

科学精神本质上是人们在实践中对坚持真理原则的客观要求这种意识的精神升华，人文精神是历史上传统的人文主义、人道主义思想和社会主义人道主义意识的精神升华。

①科学精神的主要特点：实事求是，努力排除人的不合实际的主观因素的干扰；追求真实、反对虚假；崇尚理性思维，反对盲从；不承认科学有禁区，鼓励人们积极探索宇宙奥秘，反对用任何形式束缚人们追求真理的思想和行动。

②人文精神的特点在于：把人的利益、人的发展看作是一切认识和实践活动的出发点，把追求美好作为目标；调动、诉诸人的情感、意志等非理性因素和精神体验来展示和表现人的本质和追求；要求人们时刻以符合人类的利益和发展要求的价值标准审视自己的思想和行为，以"善"为目标。

链接1：电影《2012》中文学家杰克逊、电台外景记者查理，以及伟大的黑人科学家艾德里安·赫莱姆斯里博士等角色体现出科学精神和人文精神的结合。

链接2：古希腊数学家阿基米德、奥地利物理学家马赫、法国化学家拉瓦锡、法籍波兰科学家居里夫人和犹太理论物理学家爱因斯坦等人的科学精神和人文精神。

科学精神与人文精神二者在本质是不同的，不能相互替代，但是双方原则一致、目的统一，相互依赖，可以沟通与合作。正如物理学家费曼所说："如果科学是钥匙，那么人文就是钥匙的使用说明书。"对于一个民族、一个国家甚至整个人类而言，缺失人文的科学是麻木的，缺失科学的人文是软弱的，双重缺失则是愚昧的。

（2）科学精神和人文精神的处境

目前科学精神与人文精神的关系状况并不如电影《2012》所展现的那般乐观，二者的分歧与竞争远大于融合与合作，这样的严峻形势恰恰比任何时候都需要两者的合作。我用"彼此对立"和"不可调和"来形容科学精神和人文精神的总体处境，具体可概括为以下两个方面：科学精神的去人文化，以黄禹锡为例说明；人文精神的科学化，以大学生社会实践中的典型个案说明。其中，后者是前者的延伸。

凤凰网2011年8月援引《光明日报》消息说，"引导学生走出校园，走向社会，将书本知识和社会现实结合在一起"成为社会实践活动最基本也是最主要的目标。但实际情况并不总是这样，带着满腔热情前去实践的大学生们是否真正充分释放出你的人文关怀和实现自己的人生价值？我们的管理制度、操作方式、事后管理都还有进一步完善的空间。

华中理工大学前校长杨叔子说过，人文文化是一个民族的身份证。一个国家没有科技，一打就垮；没有人文，不打自垮。人文教育不排斥科学不等于要科学化。

（3）科学精神和人文精神的出路

尽管我们没有面临世界末日这样的巨大灾难，但是面临区域战争、流行疾病、饥饿贫困、气候问题、金融危机等诸多全球性问题，我们需要的不只是人与人、国家与国家间的合作与交流，更是科学与人文这两种精神的携手合作与共同努力。这就意味着大家需要同时具备科学精神和人文精神两种素养。

科学是一种起推动作用的革命力量，没有科学和科学精神是万万不行的。人文精神可以制约科学方向、保证科技在应用中不被用于危害人类。以下结合大学教育来谈：

大学是一个师生共同体：对于大牌教授来说，应该也要关注一些大学生可能感到困惑的小问题，教授应该而且要自愿并乐于为本科生上课；对于我们学生来说，也不要将目光锁定在狭隘的一己之私上，而要经常去关心并探讨一些初看起来与自己无关实则与民族和社会有关的大问题。我觉得思政课最好有一定数量的大教授来上，而讲师所带的思政课也不要一味地迎合学生，不妨尝试去讨论一些大的问题。现在也正是反思和讨论大学精神以及大学教育深化改革的时候。现代教育之父洪堡认为，大学应实施通识教育，而不应涉足职业教育。哈佛大学现任校长德鲁·吉尔平·福斯特也说："大学的本质是对过去和未来负有独一无二的责任——而不是完全或哪怕是主要对当下负责。"当前中国大学的通识教育普遍开展，但专业教育不会被放弃。因此我认为，关键在于处理好二者之间的关系：把通识教育在逻辑上也提到更为重要的位置；专业教育通过实践为自身及其作用的对象赋能。

步骤Ⅲ：课堂总结

真理与价值的辩证关系理论在实践中应有更大的社会价值。在科学精神和人文精神方面，我们主张提质塑魂，反对以质为魂。最后，我们援引爱因斯坦1931年在美国加利福尼亚理工学院的讲话结尾。

"关心人的本身，应当始终成为一切技术上奋斗的主要目标。关心怎样组织人的劳动和产品分配这样一些尚未解决的重大问题，用以保证我们科学思想的成果会造福于人类，而不致成为祸害。"

（四）教学反思

本次教学力求做到激发学生对科学精神和人文精神重要性问题的兴趣，自始至终结合学生实际阐述理论，并把学术界有关论述纳入课堂并进行恰当评价，辅之以案例、配图、互动等多种手段，受到学生欢迎。最后，能够结合当前大学教育中的问题对讲课内容加以总结提炼，引起共鸣。此外，须加强师生互动环节的设计和操作。

实践是检验认识真理性的唯一标准

一、基本信息

案例作者： 孙秀丽

所在单位： 上海外国语大学马克思主义学院

对应课程： 马克思主义基本原理概论

对应章节： 第二章　第二节

二、案例正文

（一）案例描述

教学内容：

本案例是教材第二章第二节的内容，涉及理解和思考实践是检验认识真理性的唯一标准。认识真理性的评判标准是讨论真理的焦点问题，在这个问题上人们有着很多分歧。有人对于真理的寻求持观念主义的态度，单纯从主观的视角出发理解问题。有人持虚无主义态度，认为真理本来就没有什么标准，从而放弃探究真理的勇气和努力。在这一背景下，引导学生把握和理解马克思主义"实践是检验认识真理性的唯一标准"的观点具有重要性和现实性。

首先，实践的观点是马克思主义哲学的出发点和核心，准确把握认识真理性的实践标准是学生理解马克思主义的重要切入点。其次，在复杂的现代社会，面临价值的多元和生活方式的多样化，如何检验观念的可靠性这一问题成为讨论和思考的必要。最后，虽然学生熟知实践的重要性，但"熟知不等于真知"，在现实生活中容易以一种教条和非反思的态度理解认识和实践的关系。基于这些考虑，本案例试图结合时代热点和学生生活经验，在呈现马克思主义实践观规范内容的同时，让学生理解实践标准的历史意义和时代意义，培养学生的批判性思维，提高学生在实践中自觉认识世界和改造世界的能力。

教学目标：

（1）帮助学生准确把握实践是检验认识真理性的唯一标准，坚持理论与实践的统一。

（2）提高学生认识世界和改造世界的能力，进而更好地反思自身和理解现代社会。

教学重点：

（1）理解检验认识真理性的实践标准。

（2）在认识与实践之间保持批判性的距离。

教学难点：

区分检验认识真理性的观念标准和实践标准。

教学方法：

（1）知识讲解：注重对马克思主义实践观的规范讲授。

（2）案例分析：结合事例，让知识传授更加深入浅出。

（3）启发教学：通过提问方法启发和引导学生扩展性思考。

教学资源：

（1）教材：《马克思主义基本原理》，高等教育出版社。

（2）网络学习平台：BB 平台。

（二）思考讨论题

无论从哲学历史上，还是从现代社会中，我们都可以看到存在多样的理解认识真理性的方式。这些理解在不同的时期、不同的情境有其产生的特定原因。围绕"认识的真理性"，引发学生去思考在信息化和多元化的现代社会，如何评判我们的认识或观念是否合理，或者说如何才能断定自己所坚持的观点就是真理，以及影响这些真理性评判的因素有哪些。结合教学内容，进而引导学生思考如何在实践中避免陷入教条主义和观念主义。

（三）案例解析

课堂导入：

结合电影《楚门的世界》，以"如何判断认识的正确性"为切入，启发学生思考在媒介和技术发展迅速的现代社会如何判断认识的真理性。

第一部分：明晰认识的复杂性

认识的复杂性，源于生活本身的复杂。现代社会，无论是从自我认知，还是从与他者交往的角度，我们都可以看到这种复杂性。

（1）认识自我：在古希腊哲学家泰勒斯看来，人生活在世界上，认识自己是最难的。人的一生就是不断探寻自我的过程，但并不总是具有正确的认知。有时候，甚至会陷入"信息的茧房"或者自我的独断。这是因为，我们经常从主观性的角度出发去看待问题，这种主观性也有可能是片面的，从而形成错误的认知。

（2）认识他者：人与人的交往涉及"主体间性"的关系，需要遵循一些伦理准则。但是，倘若我们把自认为"合理"的生活方式不分情境地强加给别人，也会带来对他者的不尊重和伤害，例如道德绑架。

第二部分：西方哲学视角

在西方哲学史上，对真理的探寻是重要的理论旨趣。近代哲学致力于知识论的探究，分为经验主义和理性主义两个流派。

（1）经验主义：拒绝天赋观念，主张知识来源于经验。以弗朗西斯·培根为例，在他看来，人之所以无法看到事物的真相，是受错误观念的影响，他将这些错误观念分为"四假象"。

（2）理性主义：强调理性可以对最基本的哲学问题提供最终的解答，而这些解答都将是必然真理。例如，在笛卡尔看来，我们所获得的很多信息是虚假的，需要对其进行理性质疑和批判，以此确立认识的可靠性标准。

无论经验主义还是理性主义都有其局限，无法最终把握认识的可靠性。

第三部分：检验认识真理性的观念标准

人类历来崇尚真理，但对于什么是真理，如何检验真理，却一直莫衷一是。这一部分引导学生从观念主义的标准、众人意见标准、有用的标准等方面把握其中的不合理性。

（1）观念主义的标准：观念主义的出发点是"崇拜观念或文本，并把观念或文本理解为世界的基础，试图用观念的改变或文本的更替作为前提解释一切社会历史现象"。我们应该拥有自己的观念，而不应该陷入观念主义的陷阱。

（2）众人意见标准：如"少数服从多数"，即将真理的标准诉诸多数人的意见。众人的意见容易形成"乌合之众"，从而导致多数人的暴政。

（3）有用的标准：如功利主义的标准。受资本逻辑所影响的"用"更多的是在工具理性的意义上，将人视为逐利的工具，而非目的本身。

第四部分：检验认识真理性的实践标准

综上，观念的标准无法提供认识真理性的可靠证明。马克思在《关于费尔巴哈的提纲》（以下简称《提纲》）中提出检验认识真理性的实践标准，这一部分引导学生从背景、内容和意义三个角度来把握其重要性和时代意义。

（1）背景：《提纲》是1845年春，马克思旅居布鲁塞尔时写作的一篇重要的哲学文献，在马克思主义著作中具有十分特殊的地位和意义。它是马克思在思想上的分水岭，标志着马克思与旧唯物主义彻底划清了界限。恩格斯对《提纲》给予了高度评价，认为它是"包含着新世界观的天才萌芽的第一个文件"。

（2）内容：在《提纲》中，马克思系统地论述了科学的实践观和真理观。在他看来,"人的思维是否具有客观的真理性,这不是一个理论的问题,而是一个实践的问题"。也就是说,实践出真知,认识的真理性不能从观念本身获得,实践是检验真理的唯一标准。

(3) 意义:结合党史和现代社会,揭示将实践视为检验真理唯一标准的理论意义和时代意义。例如,1978年5月11日,《光明日报》发表该报特约评论员文章《实践是检验真理的唯一标准》,由此引发了一场关于真理标准问题的大讨论。这场讨论突破了"两个凡是"的严重束缚,推动了全国性的马克思主义思想解放运动,是中国共产党历史上具有深远意义的伟大转折的思想先导,为中国共产党重新确立马克思主义思想路线、政治路线和组织路线,做了重要的理论准备。

总结:

首先,重视实践的检验标准并不是否认认识的重要性。某些不合理的观念和认识需要进行批判性反思。

其次,实践标准本身具有不确定性。实践标准的形成过程既需要理论指导,也需要继续对实践进行探究。

参考资料:

(1) [法] 古斯塔夫·勒庞. 乌合之众 [M]. 北京:中央编译出版社,2014.

(2) 毛泽东. 反对本本主义 [M]. 北京:人民出版社,1964.

(3) 俞吾金. 新十批判书 [M]. 北京:商务印书馆,2018.

(4) 中共中央马克思恩格斯列宁斯大林著作编译局. 马克思恩

格斯全集 [M]. 北京：人民出版社，1995.

思考题：

（1）反思在生活中如何避免陷入教条主义和观念主义。

（2）从检验标准的角度出发，思考实践与认识的辩证关系。

（四）教学反思

马克思主义基本原理是一种系统性知识。大学生虽然具备一定的知识背景，但对马克思主义理论仍存在一些教条主义的理解或误解。而且，马克思主义基本原理具有较强的理论性，哲学内容晦涩难懂，无论教与学都有一定的难度。如何将抽象的理论切入生活，让学生在规范地理解马克思主义实践观的同时，在理论与社会实践之间能够建立内在的联结和共鸣，这是自己在原理教学中需要进一步思考和解决的问题。结合本案例，谈以下两点体会。

一方面，在理论上对马克思主义的实践观进行规范的讲解，重视马克思主义经典著作的阅读，让学生深入理解和领悟马克思主义的基本原理和方法。同时，注重知识的想象力和教学的想象力，用哲学史或者马克思主义中国化的最新理论成果丰富和扩充教学内容。

另一方面，结合现代社会，引导和启发学生建立理论知识与现实的关联，避免对原理和理论进行教条式的理解。经由这些反思，借鉴社会时事热点以及学生的生活体验，提供审视自我以及社会问题的不同视角，让学生去切近地把握理论与生活、与时代的内在关联，提高批判性地反思自我和社会的能力。

专题二：
毛泽东思想和中国特色社会主义理论体系概论

全球气候变化治理的国际博弈

一、基本信息

案例作者： 丁冬汉

所在单位： 上海外国语大学马克思主义学院

对应课程： 毛泽东思想和中国特色社会主义理论体系概论

对应章节： 第十章第五节"建设美丽中国"

二、案例正文

（一）案例描述

全球气候变暖严重威胁人类生存的环境，如何应对、解决全球气候变化问题，是国际治理的重要课题。今天在全球气候治理中，世界主要经济体，以及发达国家与新兴国家之间，有着不同的立场，国际博弈激烈。本节课主题，将对此进行研究。

全球变暖，指的是在一段时间中，地球的大气和海洋因温室效应而造成温度上升的气候变化，其所造成的效应被称为全球变暖效应。全球变暖会导致全球降水量重新分配、冰川和冻土消融及海平面上升，不仅危害自然生态系统的平衡，还威胁人类的食物供应和居住环境。

根据气候记录，1860—1900 年期间，全球陆地与海洋平均温度上升 0.75℃；自 1979 年开始，陆地温度上升幅度约为海洋温度上升幅度的一倍（陆地温度上升了 0.25℃，而海洋温度上升了 0.13℃）。20 世纪，全球变暖的程度超过过去 400～600 年中的任何一段时间。21 世纪北极平均气温上升了 1.6℃以上。

特别是 2000 年后，各地高温纪录经常被打破。如 2003 年 8 月 10 日，英国伦敦温度达到 38.1℃，破了 1990 年的纪录。2005 年 7 月，美国有两百个城市创下历史性高温纪录。2006 年 8 月 16 日，重庆最高气温高达 43℃，打破历史纪录。我国也面临全球气候变暖的严峻挑战，根据国家海洋局发布的《2017 年中国海平面公报》，中国沿海海平面变化总体呈波动上升趋势。1980 年至 2017 年，中国沿海海平面上升速率为 3.3 毫米/年，高于同期全球平均水平。2017 年，中国各海区沿海海平面变化区域特征明显。与常年相比，渤海、黄海、东海和南海沿海海平面分别高 42 毫米、23 毫米、66 毫米和 100 毫米。1980—2017 年，中国沿海气温与海温均呈上升趋势，速率分别为 0.39℃/10 年和 0.23℃/10 年，气压呈下降趋势，速率为 0.17 百帕/10 年；同期海平面呈上升趋势，速率为 3.3 毫米/年。2017年，中国沿海气温与海温较常年分别高0.90℃与0.77℃，气压较常年高0.4百帕，海平面较常年高58毫米。2017年，各类海洋灾害共造成直接经济损失63.98亿元，死亡（含失踪）17人。

(二) 思考讨论题

1. 全球气候变暖的主要因素

导致全球气候变暖的因素很多，一般认为有以下因素：

第一，人类活动因素。

第二，自然因素。

全球大气层与地表，如同一个巨大的"玻璃温室"，使地表始终维持着一定的温度，适于人类和其他生物生存。大气既能让太阳辐射透过而达到地面，又能阻止地面辐射的散失，大气对地面的这种保护作用，就是大气的温室效应。造成温室效应的气体称为"温室气体"，这些气体有二氧化碳、甲烷、臭氧、水蒸气等，其中与人类活动最密切的是二氧化碳。许多科学家认为，二氧化碳大量排放是加剧全球变暖的基本原因。

2. 发达国家与发展中国家在全球气候变暖上的主要博弈

发达国家与发展中国家主要围绕"共同但有区别的责任原则"展开博弈。

3. 世界主要经济体，以及它们与新兴经济体之间的博弈

世界主要经济体：美、欧、日、中。新兴经济体：主要是中、印。

(三) 案例解析

为应对全球气候变暖，国际社会为全球气候治理做出了很大的努力。

从前面分析可见，气候变化的自然因素，如火山、地球公转人类没有办法干预，人类应对全球气候治理，最主要的就是在人类自身活动上想办法。控制人口很敏感，减少森林砍伐、植树造林，大部分国家都在努力。其中最关键的措施是如何减少人类生产生活中化石能源的使用，减少二氧化碳等温室气体的排放。为此，国际社会从20世纪70年代以来，一直在持续努力。会议、协定很多，但达成的有约束力的协定，主要是三个：

（1）《联合国气候变化框架公约》：1992年6月在巴西里约热内卢举行的联合国环发大会（地球首脑会议）上通过。这是世界上第一个为全面控制二氧化碳等温室气体排放，应对全球气候变暖给人类经济和社会带来不利影响的国际公约，也是国际社会在对付全球气候变化问题上进行国际合作的一个基本框架。

（2）《京都议定书》：1997年在日本京都通过，条约于2005年2月开始强制生效，到2009年2月，一共有183个国家通过了该条约（超过全球排放量的61%），美国虽然在议定书上签字，但并未核准，并首先退出《京都议定书》。

（3）《巴黎协定》：2015年12月在巴黎气候变化大会上通过，是人类历史上应对气候变化的第三个里程碑式的国际法律文本，形成2020年后的全球气候治理格局。美国特朗普政府已经宣布退出。

全球气候治理，世界主要经济体与新兴国家之间，发达国家与发展中国家之间，博弈激烈。

1. 发达国家与发展中国家之间的博弈：共同但有区别的责任原则

1992年通过并于1994年生效的《联合国气候变化框架公约》，是全球气候变化治理机制的基石，它确立了国际气候变化治理机制的最终目标和指导原则。其中，原则集中在《公约》第3条，主要包括："公平"和"共同但有区别的责任和各自能力原则"；"预防原则"；"可持续发展原则"；"应对气候变化与国际经济、贸易体系协调原则"。上述原则的确立，是发达国家和发展中国家两大阵营妥协的结果。

20世纪70年代初的国际气候谈判中，虽然美国与欧共体之间存在分歧，但它们共同作为发达国家与"七十七国集团加中国"为主的发展中国家之间的立场差异更大。主要体现在以下两点：

一是发达国家试图忽略或者不强调各国造成气候变化的历史责任与应该承担的义务之间的关系，要求发展中国家承担减排义务；发展中国家强调由于发达国家负有温室气体排放的巨大历史责任，应该承担应对气候变化的首要责任，消除贫困和改善人民的生活是发展中国家的首要任务。

二是发达国家整体上承认需要"帮助"发展中国家应对气候变化，但在向发展中国家提供资金和技术问题上，试图避免承担具体的义务，发展中国家要求发达国家提供资金和进行技术转让。在这样的背景下《联合国气候变化框架公约》确立的上述原则，反映了当时国际社会试图同时解决"环境治理"与"经济发展"的议题。

2. 世界主要经济体，以及它们与新兴经济体之间的博弈

今天世界主要经济体为美国、欧盟、日本，对于全球气候治理，欧盟、日本态度基本一致，目前主要分歧在美国与欧盟，以及它们与中国、印度等新兴经济体之间。

欧盟是今天推动全球气候治理的主要经济体，今天全球气候治理主要条约、协定的达成，主要推动力量就是欧盟。

美国认为欧盟推动全球气候治理，主要是因为欧盟在石油、天然气等方面的化石能源匮乏，在绿色发展技术等方面走在世界前列，背后实质是经济驱动。加之国内共和党与民主党之间的党派斗争，国内的石油、天然气工业集团是共和党的主要支持者，特朗普政府一上台，就宣布退出《巴黎协定》。

欧盟和美国等发达经济体，2007年以来在联合国框架内的多边气候变化会议上多次强调应该动态解释、修改，或者重新适用"共同但有区别的责任和各自能力原则"，强调中国等发展中大国在应对气候变化问题上，应承担新的共同的减排义务。为此，一方面，欧美国家否认或者淡化发达国家的历史排放责任，强调发展中大国的现实和未来责任，提出发展中大国从气候责任上来看已经是"主要排放者""最大的温室气体排放者"，从未来看也是温室气体排放的主要来源，继而推动全球气候变化治理机制从根据历史累积排放界定历史责任的制度、安排，转向根据将来的集体责任来削减排放；另一方面，欧美国家强调发展中大国的能力发生了变化，已经不是传统意义上的"发展中国家"，而是介于发达国家和发展中国家之间的"新兴大国""主要经济体"，因此主张对发展中大国的

国家类属进行重新定位,从"发达国家"和"发展中国家"的区分,转向对"主要经济体"和最不发达国家的区分。

3. 博弈分析

从发展中国家与发达国家,以及世界主要经济体在全球气候变化上的博弈可见,马克思主义经济是基础的认识论视角,以此来分析全球气候治理上的国际博弈,依然最有说服力。今天发达国家与发展中国家,主要经济体与新兴经济体之间的博弈,背后的主导力量,核心是经济利益。

(四)教学反思

实施效果及成果。一是现实性。全球变暖是今天人类生存面临的重要威胁。研究国际社会对全球气候治理的主要观点、主要措施、主要博弈,具有极强的现实意义。二是问题导向性。今天在全球气候治理上国际博弈很激烈,因为气候治理措施对不同国家的经济发展、经济道路有巨大影响,通过问题导向,能够使学生更深入了解今天国际治理博弈的复杂与尖锐。

存在的问题及改进思路。一是学生相关知识比较薄弱,在教学中还需要要求学生提前学习、了解相关知识。二是还需要进一步使学生了解全球气候治理博弈的背后,各主要经济体、国家等复杂的政治、经济战略考量。

"丁真走红"现象背后的地区脱贫实践

一、基本信息

案例作者：万继蓉

所在单位：上海外国语大学

对应课程：毛泽东思想和中国特色社会主义理论体系概论

对应章节：第十一章　第一节

二、案例正文

（一）案例描述

藏族小伙丁真来自四川省甘孜藏族自治州理塘县的一个小山村。2020 年 11 月 11 日，因抖音上一段"野性与纯真并存"的微笑短视频，丁真一夜走红，引爆互联网。他清澈的眼神、灿烂的笑容、身后的雪山与草原，戳中了万千网友渴望田园牧歌式生活的内心。从发布到 1000 万的播放量，抖音这条 7 秒钟的短视频只用了 2 小时。之后两周之内丁真 17 次登上了微博热搜，丁真相关话题获得 15 亿以上的阅读量。

丁真走红后，并未频繁走穴"收割流量"，而是在刚火的时候就被四川甘孜签约到当地国企保护起来，避免了爆红的网络名人被其他营销企业恶意炒作、过度消费的情况；理塘还迅速推出宣传视频《丁真的世界》，趁热打铁将丁真签约为理塘旅游形象大使。

此次事件也获得了人民日报、新华社、央视新闻等央媒的关注，外交部发言人华春莹连发三条推文为丁真打 call，各家媒体陆续推文剖析事件缘由。

理塘这个原本"藏在深山无人识"的地方其实在 2020 年 2 月刚刚脱贫，在丁真之前，虽然理塘频繁开展活动并进行网络推广，但关注者不多。签下丁真后，理塘迎来史上最多的媒体记者，网络评论海啸般涌来，从 11 月 20 日到 11 月底，"理塘"的搜索量猛增 620%；截至 11 月 25 日，四川甘孜地区酒店在去哪儿网的预订量较去年同期增长 89%，其中 11 月 17 日当天酒店预订量较去年同期增长 111%；自 11 月 17 日，以甘孜康定机场、亚丁机场为目的地的订单量同比去年增长 90%；丁真走红后的 2020 年第四季度，甘孜州共接待游客 1037.91 万人次，实现旅游综合收入 109.2 亿元，同比分别增长 55.24% 和 48.14%。

作为曾经的脱贫攻坚战场之一的理塘县，经过丁真热潮而迅速出名，当地的文旅产业信息实现了迅速传播，旅游经济得到突飞猛进的发展，极大地巩固了脱贫成果，形成长期效应。

案例资料主要来源：

（1）从高原山村走出来的丁真［EB/OL］.新华网，2020-12-06.

（2）余俊杰，周玮.丁真等旅游网红对脱贫攻坚意义几何？文旅部回应［EB/OL］.新华网，2020-12-23.

（3）李果.丁真热潮之后，高原小城理塘走向何方［EB/OL］.21世纪经济报道，2021-04-21.

（二）思考讨论题

（1）丁真为什么这么火？

（2）怎样从"丁真走红"现象看中国的脱贫攻坚？

（3）利用网红脱贫攻坚的模式能否复制，可否持续？

（三）案例解析

"丁真走红"现象，看似是满屏的"甜野男孩"丁真，其实是全面建成小康社会大背景下脱贫攻坚、乡村振兴与全面小康社会的地区实践。从"丁真走红"现象中，我们至少可以获得以下信息：

（1）"丁真走红"现象依托的是国家脱贫攻坚、全面建成小康社会的大布局。丁真与"迎风"出道、昙花一现的网红、流量明星不一样，他走红后迅速签约国企，担任理塘县旅游形象大使，背后是地方政府脱贫攻坚、建设小康社会的努力，而后者又源于国家的大布局。2012年年底，党的十八大召开后不久，党中央就强调，"小康不小康，关键看老乡，关键在贫困的老乡能不能脱贫"，拉开了新时代脱贫攻坚的序幕。2015年11月，中央扶贫开发工作会议召开，此后中共中央、国务院印发《关于打赢脱贫攻坚战的决定》，要求确保2020年现行标准下农村贫困人口实现脱贫，贫困县全部摘帽，解决区域性整体贫困。出台扶贫开发工作成效考核办法、扶贫资金违规使用责任追究制度与扶贫成效的第三方评估机制。2019年年初，中西部22个省份党政主要负责同志向中央签署脱贫攻坚责任书。形成中央统筹、省负总责、市县抓落实的工作机制，构建了责任清晰、各负其责、合力攻坚的责任体系。如今国务院扶贫办确定的832个贫困县全部脱贫摘帽，全国脱贫攻坚目标任务已经完成，但"十四五"规划提出，要准确把握"巩固""拓展""衔接"内涵，共同助推乡村经济高质量发展。

（2）丁真的案例是地方政府利用"互联网+"脱贫、建设小康社会的成功案例。丁真背后是一个默默挣扎的曾经的贫困县。理塘地处川、藏、滇交界处，海拔超4000米，有"天空之城"的美誉。但是因为高海拔、高寒、缺氧导致长期的贫困，理塘所在的甘孜藏族自治州是全国14个集中连片特困地区之一，甘孜州所辖18个县（市）均为深度贫困县，当地被称为典型的"贫中之贫、坚中之坚"。2006年发布的《四川省理塘县贫困状况调查》指出，受制于较为恶劣的自然条件，在2000年，理塘县农村总人口的96.75%处于绝对贫困状态；受制于牧民们逐水草而居的生活习惯，在2006年的时候小学适龄儿童的入学率仅仅为86.17%。很多当地牧民家庭不让孩子去上学，就是因为孩子在家干活更划算。20岁时的丁真，没有上过学，不会说普通话，更不会写汉字。

理塘于 2020 年 2 月成功摘掉了贫困的帽子，为了防止返贫，必须巩固脱贫成效，而此次丁真走红，理塘县政府敏锐意识到这是一次宣传理塘、推动该县旅游业发展的契机。信息化时代，速度永远是攫取流量的不二法门。从丁真走红到签约，只用了不到 7 天时间，甘孜文旅部门抓热点、抢流量的反应速度，远远超出了很多人的想象。在后续的"丁真连锁效应"里，他们推出非常多有用的宣传策略，如快速推出《丁真的世界》纪录片，引导丁真是四川人还是西藏人的讨论，不断推动丁真相关的话题发酵裂变，帮助理塘爆红了一把。值得称赞的是，"国家队"并没有迅速通过商业化动作透支丁真的热度，而是打造一系列丁真的 IP，且大多都围绕丁真本人的气质性格做文章，进一步巩固其纯朴的人设。目前丁真正在当地安排下学习汉语、文艺、马术，并被当作未来旅游业管理型人才进行培养。

　　此次事件中文旅部门主动、正向的引导和稳健的把控，成功地将网络红人形象巩固为文旅品牌形象，利用直播、短视频对文旅资源的生动呈现，带来流量转化，提升旅游产品吸引力，从而将数据流量的短期大势，转化为长线的、辐射性的旅游开发、脱贫攻坚和乡村振兴带动力。习近平总书记曾说，"过不了互联网这一关，就过不了长期执政这一关""善于运用网络了解民意、开展工作，是新形势下领导干部做好工作的基本功"。无论是网络红人的挖掘、舆论引导，还是当地旅游资源的宣传推广，四川甘孜有关部门几乎都将新媒体网络的作用发挥到了极致。这些经验值得其他地方政府、景区学习与揣摩。

（3）"丁真效应"背后是甘孜理塘地区旅游资源的深厚积累与脱贫干部的长期付出。

甘孜地区旅游资源丰富，除了自然风光外，这里还是《康定情歌》的故乡、康巴文化的发祥地，更有着诸多名胜古迹。为了扩大影响，当地文旅部门做了很多工作，如理塘开发了勒通古镇·千户藏寨景区，举小赛马节、康巴百汉秀、仓央嘉措诗歌节等活动，并频繁进行网络推广；为了完成脱贫任务，当地从交通、电力、通信等基础建设做起，根据理塘县政府2020年9月18日发布的《理塘县决战决胜脱贫攻坚战》显示，理塘县公路通乡通村通畅率达100%，214个行政村通信网络覆盖率达100%，咖啡馆、餐厅、民宿、博物馆也一应俱全。让丁真走红的第一条视频，正是出自在理塘拍摄"世界高城的微笑"的摄影师胡波。丁真走红之后，甘孜州更是利用新中国成立70周年庆，适时推出"67个A级景区门票全部免费、住宿半价、机票打折"等优惠活动，不少人晒出机票表示"要实现去看丁真的愿望"。

在丁真的热点中，也可以看到脱贫干部的无数付出。就全国来说，截至2020年年底，1800多名同志奔赴在脱贫攻坚路上。在理塘，如濯桑乡汉戈村第一书记文雪松参与网络直播带货，推广青稞饼干，濯桑乡下汝村第一书记任敏也一直在工作之余联系各大旅游博主，介绍当地风景和特产。正是在不断摸索和实践中，古老偏远的理塘对互联网的运用越发熟悉，并"等来"丁真。也正是因为旅游资源的深厚积累与脱贫干部的长期付出，甘孜理塘地区才将"顶级流量"接得又稳又好。

(四) 教学反思

1. 实施效果及成果

本案例主要结合全面建设小康社会中"坚决打好精准脱贫攻坚战"来讲述，通过对"丁真现象"的分析，帮助学生深入理解中央的脱贫攻坚的政策及在基层的实践创新。在案例讨论中，学生对同龄人丁真表现出很高的兴趣，表示通过丁真，不仅看到了一方诗意的净土，还看到了我国脱贫攻坚战中从中央到地方付出的艰苦卓绝的努力，加深了对理论的理解。

2. 存在的问题及改进思路

(1) 分析案例容易出现两个倾向：一是脱离案例提供的材料，抽象讨论脱贫攻坚的政策与成就；二是就事论事，拘泥于"丁真及丁真现象"本身进行分析。操作中应该将两者结合起来，教会学生用理论分析实践，实现理论与实践的统一。

(2) 在案例的讨论中，学生往往将"丁真走红"看成偶然事件，教学中应该引导学生以小见大，要看到甘孜理塘的长期脱贫实践，以及国家的宏观政策与具体部署的大局。

(3) 案例讨论中，学生会陷入"'网红'是褒义词还是贬义词？丁真没上过学是不是义务教育的失败？丁真热潮退后理塘怎么办？"的争辩。我们的解释是：对于网红，引用习近平总书记说的"管得住是硬道理、用得好是真本事"；对于义务教育的漏网之鱼，则要结合理塘的环境与文化指出是个案；热潮退后，丁真可能会被遗忘，但是世界已经记住理塘，理塘会继续采取很多后续发展措施。

<<< 专题二：毛泽东思想和中国特色社会主义理论体系概论

湖南湘西践行精准扶贫

一、基本信息

案例作者：刘露萍

所在单位：上海外国语大学

对应课程：毛泽东思想和中国特色社会主义理论体系概论

对应章节：第十一章　第一节

二、案例正文

（一）案例描述

2013 年 11 月 3 日，中国的扶贫事业在湘西迎来历史性时刻。

当天，习近平总书记亲临湘西州视察，在十八洞村提出"实事求是、因地制宜、分类指导、精准扶贫"的重要指示，为湘西州干部群众脱贫攻坚带来了新的希望和无穷的干劲。

在湘西1567个村中有1110个村是贫困村，绝对贫困的村落也不在少数。如果像湘西这样的深度贫困地区都能成功脱贫，将意味着我国的绝对贫困问题得到历史性的解决。

为贯彻执行总书记提出的精准扶贫的战略思想，湘西州在精准施策上出实招、在精准推进上下实功、在精准落地上见实效。一是扣准第一粒扣子，即解决好"扶持谁"的问题。全州完成了1110个贫困村和74.5134万农村贫困人口的登记识别和建档立卡工作，摸清了贫困人口底数，彻底弄清楚了"扶持谁"的问题。二是明确帮扶主体，解决好"谁来扶"问题。全州组织1069个单位组建732个工作组，选派1110个第一书记和2448名干部，对1110个贫困村实行驻村帮扶全覆盖，组织40257名党员干部结对帮扶18.1166万户贫困户，实现贫困户结对帮扶全覆盖、无死角、零漏洞。三是推进"十项工程"，解决好"怎么扶"问题。湘西州制订了《精准扶贫"十项工程"实施方案》，涵盖了发展生产、乡村旅游、易地搬迁、教育发展、医疗救助帮扶、生态补偿、社会保障兜底、基础设施配套、公共服务保障等"十项工程"，州、县两级成立了"十项工程"指挥部，精准制定了资金如何整合、政策如何运用、资源如何调配、部门如何发力的具体工作措施，打出了一套精准扶贫政策措施"组合拳"，较好地解决了"怎么扶"的问题。

2016年以来，湘西州每年整合资金50亿元投向"十项工程"，贫困村产业建设、基础设施、民生事业、公共服务实现了全面发展。

一组数据显示湘西精准扶贫的成效：全州生产总值年均增长8%，财政总收入年均增长16.4%，农村居民人均可支配收入由5260元增加到7413元，年均增长12%，35万人实现脱贫、275个贫困村退出，贫困发生率降至16%。

湘西的目标是，2019年全州脱贫摘帽，2020年与全国、全省同步全面建成小康社会。①

（二）思考讨论题

（1）中国特色的减贫经验有哪些？

（2）如何理解打赢脱贫攻坚战的伟大意义？

（三）案例解析

（1）本案例通过湘西脱贫攻坚实践体现了中国特色减贫道路七个方面的重要经验，即坚持党的领导，坚持以人民为中心的发展思想，坚持发挥我国社会主义制度能够集中力量办大事的政治优势，坚持精准扶贫方略，坚持调动广大贫困群众积极性、主动性、创造性，坚持弘扬和衷共济、团结互助美德，坚持求真务实、较真碰硬。这"七个坚持"也形成了中国特色反贫困理论，系统说明了消除贫困需要什么理念、什么制度保证、什么社会基础以及什么路径和方法，是马克思主义反贫困理论中国化的最新成果，对于继续推进乡村振兴以及全球减贫事业都有重要现实和理论意义。

（2）消除贫困、改善民生、实现共同富裕，是社会主义的本质要求，是我们党的重要使命。自成立之日起，我们党就确立了为劳

---

① 李永华. 总书记与湘西十八洞村的故事［N］. 中国经济周刊，2017-09-04（35）.

苦人民谋幸福的目标,并为此进行了艰苦卓绝的斗争。中华人民共和国成立特别是改革开放以来,我们党带领人民持续向贫困宣战。1982年开始进行有组织、有计划、大规模的扶贫行动,1986年确立开发式扶贫方针,1994年以来先后实施"国家八七扶贫攻坚计划"和两个十年中国农村扶贫开发纲要等,扶贫开发力度之大世所罕见。经过长期努力,容易脱贫的地区和人口已经解决得差不多了,剩下的都是贫中之贫、困中之困。贫穷不是社会主义,让所有贫困地区和贫困人口实现脱贫是我们党义不容辞的责任。习近平总书记指出,到我们党成立100年时,如果还没有解决贫困人口脱贫问题,那党的宗旨怎么体现、我们的承诺怎么兑现呢?党的十八大以来,以习近平同志为核心的党中央坚持以人民为中心的发展思想,团结带领全党全国各族人民,把脱贫攻坚摆在治国理政突出位置,充分发挥党的领导和我国社会主义制度的政治优势,采取了许多具有原创性、独特性的重大举措,组织实施了人类历史上规模最大、力度最强的脱贫攻坚战,如期完成了新时代脱贫攻坚目标任务,取得了令全世界刮目相看的重大胜利。打赢脱贫攻坚战,为实现第一个百年奋斗目标打下了坚实基础,巩固了我们党的执政根基,巩固了中国特色社会主义制度,在中华民族几千年发展史上首次整体消除了绝对贫困现象,极大增强了人民群众的获得感、幸福感、安全感。

打赢脱贫攻坚战,为人类减贫事业做出了历史性贡献。从减贫规模看,我国是世界上减贫人口最多的国家。按照世界银行每人每天1.9美元的国际贫困标准,改革开放以来我国已有8亿多贫困人口实现脱贫，占同期全球减贫人口的70%以上，超过欧洲国家的人口总和。从减贫速度看，我国仅仅用几十年时间就历史性地解决了绝对贫困问题，提前10年实现联合国2030年可持续发展议程确定的减贫目标，继续走在全球减贫事业前列。我国扶贫开发取得的伟大成就，得到了国际社会的广泛赞誉。这一伟大成就，足以载入人类社会发展史册，也足以向世界证明中国共产党领导和中国特色社会主义制度的显著优势。

打赢脱贫攻坚战，为全球减贫治理提供了中国智慧和中国方案。当前，全球仍然有7亿多人口生活在极端贫困之中，对很多家庭而言，拥有温暖住房、充足食物、稳定工作是一种奢望。消除贫困依然是当今世界面临的最大全球性挑战，实现全球减贫目标任重道远。中国一直是世界减贫事业的积极倡导者和有力推动者，在长期实践探索中，成功走出了一条中国特色减贫之路。这条道路凝结着中国推进精准扶贫精准脱贫的独特智慧和制度成果，为国际减贫治理特别是推动广大发展中国家加快摆脱贫困的进程提供了借鉴。

贫困之冰非一日之寒，破冰之功非一日之暖。习近平总书记强调，脱贫摘帽不是终点，而是新生活、新奋斗的起点。当前我国发展不平衡、不充分，问题仍然突出，我们要巩固脱贫攻坚成果，坚决防止发生规模性返贫现象，要做好同乡村振兴的有效衔接，保持帮扶政策总体稳定，健全农村低收入人口常态化帮扶机制，保障好群众的基本生活，着力缩小收入差距，让全体人民共享发展成果，在共同富裕上取得更为明显的实质性进展。

（四）教学反思

本案例主要用于第十一章"'四个全面'战略布局"中第一节"全面建成小康社会"的教学辅助材料。

全面小康社会是一个整体性目标要求，任何一个方面发展滞后，都会影响全面建成小康社会目标的实现。全面小康，是惠及全体人民的小康。"小康不小康，关键看老乡。""没有全民小康，就没有全面小康。"全面小康，是城乡区域共同发展的小康。"没有农村的全面小康和欠发达地区的全面小康，就没有全国的全面小康。"

决胜全面小康面临着艰巨任务和严峻挑战，其中之一的任务就是坚决打好精准脱贫攻坚战。湖南湘西十八洞村是习近平总书记首次提出精准扶贫战略思想的地方，当地党政干部群众在贯彻践行习近平总书记精准扶贫重要战略思想方面所取得的成就和经验具有时代性、真实性、典型性、思想性等特点，可以帮助学生深化理解和认识实现全面小康的艰巨性、复杂性及其伟大意义，在实际运用过程中获得了较好反响。随着2020年年底全面小康社会目标的建成，本案例在今后的教学运用中还可以通过跟踪其发展轨迹，结合我国乡村建设新的发展目标更好体现其时代性特点。

武汉抗疫与韧性治理

一、基本信息

案例作者： 徐大慰

所在单位： 上海外国语大学马克思主义学院

对应课程： 毛泽东思想和中国特色社会主义理论体系概论

对应章节： 第十章 第四节 第二目

二、案例正文

（一）案例描述

新冠肺炎疫情暴发初期，武汉重灾区承受医疗资源枯竭的压力，中央政府复制"汶川地震经验"进行"对口支援"和"军队支援"，在最短时间内解决武汉医疗资源和物资供应的紧缺问题。

全国共有4万多名医护人员、346支国家医疗队驰援湖北，19个省区市对口帮扶16个市州。① "天使白""橄榄绿""守护蓝""志愿红"等各方力量迅速集结武汉。通过联防联控机制，在医疗设备、耗材、试剂、药物等方面，全力保障湖北省的医疗物资需求。

为了摆脱大量轻症病人和疑似患者无法收治和隔离的困境，武汉市从2020年2月3日开始建设方舱医院。方舱医院是对体育馆、会展中心等大型城市公共建筑进行功能改造，使其可以提供基本的隔离、治疗、看护等医疗服务的简易医院。方舱医院的优势在于建设速度快、容量大、成本低、看护效率高。武汉市共建成16座方舱医院，累计收治1.2万余名患者。②

除了公立医院之外，武汉市还启用了数十家民营医院，这在一定程度上缓解了公立医院的压力。通过中西医结合的方式，新冠肺炎轻症患者平均住院天数缩短2.2天，治愈率提高33%，普通转重症比例降低27.4%。③ 社区网格员是疫情防控的基础力量，广大市民和志愿者也积极参与医疗服务工作。2月3日晚，39名志愿者连夜赶到洪山体育馆帮忙安装方舱医院床位。④ 快递员汪勇不仅为医护人员提供上下班接送、送餐等志愿服务，还联络一批志愿者为医

---

① 习近平.在全国抗击新冠肺炎疫情表彰大会上的讲话［N］.人民日报，2020-09-09（02）.
② 廖君，黎昌政.16家武汉方舱医院休舱累计收治1.2万余人［EB/OL］.（2020-03-10）［2020-08-08］.http：//www.xinhuanet.com/politics/2020-03/10/c_1125693024.htm.
③ 刘睿彻.3位院士带队、5批中医国家队集结，全国最强中医力量齐聚，武汉所有方舱医院配备中医专家［N］.长江日报，2020-03-04（02）.
④ 20家"方舱医院"驰援武汉［EB/OL］.（2020-02-05）［2020-05-10］.http：//www.xinhuanet.com/politics/2020-02/05/c_1125532816.htm.

护人员提供共享单车、滴滴专车、免费供餐、代购医疗物资等服务。①

（二）思考讨论题

1. 抗疫要增强医疗系统韧性的原因

医疗系统是应对传染病疫情的"第一道防线"，也是阻击和控制疫情的中坚力量。韧性治理承认灾害的不确定性和不可预测性，核心目标是维持系统的功能性。传染病疫情防控与韧性治理的这两个特征相契合，强调疫情发生后降低损失和医疗系统的功能发挥。

2. 武汉抗疫使用的韧性策略

武汉抗疫使用了缓冲性策略、多样性策略、多功能性策略、连接性策略，短板是冗余性策略。

（三）案例解析

在应对重大疫情时，韧性治理不同于传统的防御性的应急管理和风险管理。防御性管理强调"防患于未然"，主张通过"事前"的监测、预警和防备，尽可能避免灾害的发生。韧性治理则强调灾害的不确定性和不可预测性，旨在通过系统自身的能力建设，把灾害的损失降到最小。韧性治理的核心目标是维持系统的功能性，即在灾害发生后能够保持功能或尽快恢复功能。韧性治理倡导者认为，生态体系、人类社会等复杂系统在受外界扰动后，不可能也不必要完全恢复原状，但原有的功能只要能得到维持或恢复，系统就

---

① 吴雪. 快递小哥搞定金银潭医护难题：我送的不是快递，是救命的人啊［N］. 人民日报，2020-02-16（03）.

能生存下去。

韧性治理的这两个特点与传染病疫情防控的宗旨非常契合。首先，不同于监测与预警等"事前"的努力，应急反应强调"事中"的行动，即在疫情已经发生的情况下如何通过各种措施来降低疫情造成的损失。具体而言，就是尽可能降低发病率、死亡率以及它们带来的社会后果，并为最终控制疫情创造条件。其次，突发传染病疫情应急反应的核心任务是确保医疗系统的功能发挥，这是有效控制疫情的重中之重。正因为如此，世界卫生组织把建设"有韧性的医疗系统"列为传染病疫情等突发公共卫生事件应急准备的战略目标之一。

世界卫生组织认为，医疗系统在遭受危机冲击后，能够维系基本结构和功能，具备抵抗、吸收、适应及快速恢复的能力，就是"医疗系统韧性"（health system resilience）。它具备多样性、稳健性、适应性、连接性等特征。医疗系统韧性概念最初由欧洲卫生政策研究者于 2013 年提出，目的是评估金融危机压力下医疗系统维持正常服务的能力。2014 年，欧盟委员会发布欧盟医疗卫生系统改革纲要，提出要建立有效、可及和有韧性的医疗系统。

韧性治理能力包括吸收能力（缓冲性策略、冗余性策略）、适应能力（多样性策略、多功能性策略、自适应策略）和转变能力（连接性策略、重组性策略）。吸收是指在危机冲击之下能够有效承受压力而不会明显偏离正常运行的能力，适应和转变则是指在危机冲击之下能够顺应环境变化而继续发挥功能的能力。

韧性能力与韧性策略

系统特征	能力指标	具体策略
韧性	吸收能力	缓冲性策略；冗余性策略
	适应能力	多样性策略；多功能性策略；自适应策略
	转变能力	连接性策略；重组性策略

2019年年底，新冠肺炎来势凶猛，但武汉市仅用三个多月时间就取得了保卫战的决定性成果，这与武汉实施以下韧性策略有关。一是连接性策略，获取外部支持。连接性策略强调系统的不同层级之间或者关键系统与其他系统之间，通过网络连接和相互依赖能够潜在地获取额外资源。不过，连接性策略也有一定的局限性，倘若疫情在全国同时暴发，可调动的医疗资源数量就会大大降低，同时，医疗资源的跨地域调动也会受到交通运输、物流、供应链等方面的制约。因此，不可过于倚重连接性策略来增强医疗系统韧性。二是多功能性策略，建设方舱医院。多功能性策略是通过功能的交织、结合和叠加来提升医疗系统整体应对灾难冲击的适应能力。建设方舱医院是武汉疫情防控的一大创举，可以通过立法和制定政策的形式予以制度化。今后的城市公共工程在规划、设计和建设中，须增添医疗功能或者为工程向应急医疗场所转换预留方案。三是多样性策略，调动多方力量。多样性策略带有浓厚的生态学印记。生态学研究发现，当面临环境的不利影响和冲击时，由多样化物种组成的功能性群组会产生多样性反应，从而有助于其从环境的扰动中尽快恢复。四是缓冲性策略。缓冲性策略通过加大对灾害冲击的吸收来降低灾害的后果，从而尽可能保持功能性。2020年1月23日

武汉封城，城市公交、地铁、轮渡、长途客运停止运营，机场、火车站离汉通道关闭，防止疫情在社区传播，向全国各地蔓延。

（四）教学反思

实施效果及成果。一是现实针对性。新冠肺炎疫情是百年来全球发生的最严重的传染病大流行，是中华人民共和国成立以来我国遭遇的传播速度最快、感染范围最广、防控难度最大的重大突发公共卫生事件。二是问题导向性。新冠肺炎是现实生活生产中的焦点、重点和难点问题。总结武汉抗疫的实践经验，可以为世界各国应对疫情提供中国方法。三是理论前沿性。新冠肺炎是一起典型的由复合型灾害风险引发的全球性公共危机事件，传统的灾害风险与应急管理模式已经无法对新形势下的复合型灾害做出有效回应。对此，有必要提出韧性治理的理论构想，以推动理论研究与疫情实践的有效对话。四是学术成果性。基于本案例的学术论文《论我国医疗系统应急治理韧性建构：以武汉医疗系统应对新冠肺炎疫情为例》发表在安徽省委党校学报《理论建设》2020年第5期。

存在的问题及改进思路。一是学生的社会治理知识比较薄弱，尤其需要学习危机管理理论。危机管理经历了应急管理、风险管理和韧性治理三个阶段，分别对应着防御性、脆弱性、韧性视角。二是学生难以理解中国抗击疫情与国家治理体系和治理能力现代化的关系，韧性治理是理解两者关系的重要抓手和突破口。

科学发展观形成的历史条件

一、基本信息

案例作者：钟霞

所在单位：上海外国语大学

对应课程：毛泽东思想和中国特色社会主义理论体系概论

对应章节：第七章 第一节

二、案例正文

（一）案例描述

科学发展观是党中央进入 21 世纪以来明确提出来的指导我国社会主义现代化建设的重要指导方针。研究科学发展观，有三个最重要的文献：一是胡锦涛在 2003 年 7 月 28 日的一次关于防治"非典"工作会议上的讲话，是党的领导人关于科学发展观的第一次比较完整的表述；二是2003年10月14日中共十六届三中全会通过的《关于完善社会主义市场经济体制若干问题的决定》，这是第一次把科学发展观写进了党的中央全会决议；三是党的十七大政治报告，这是第一次把科学发展观写进了党的代表大会政治报告，说明科学发展观已经成为党的从事社会主义现代化建设的重要指导方针。

科学发展观是体现了时代精神，且为中国社会迫切需要和马克思主义中国化新成果的发展理论，它的提出有着极为深刻的历史背景，包括五个方面：第一，现代化建设中出现的资源消耗、环境污染、人居条件恶化的严重教训；第二，社会各界，特别是学术理论界对片面经济发展的反思和对中国传统文化"天人合一"和谐思想价值的重新认识；第三，世界各国工业化发展的教训和20世纪七八十年代以来可持续发展思想的启示；第四，多年来党中央、国务院关于保护环境、节约资源的一系列要求；第五，从单纯追求国内生产总值增长，到注重全面协调可持续发展方针的转变。

科学发展观是站在历史和时代的高度上，结合中国社会迫切需要，借鉴国际社会发展实践的经验教训提出来的指导方针，它对推进我国社会主义经济建设、政治建设、文化建设和社会建设全面发展有着重要的指导意义。

（二）思考讨论题

以经济增长为核心的发展观，对促进经济增长、迅速积累财富曾起到积极作用，但是也带来系列问题，出现了"有增长无发展、无发展的增长"的情况，请谈谈中国为什么要调整发展战略，怎样转变发展观念，实践科学发展观？

(三) 案例解析

科学发展观形成的历史条件，主要围绕五个方面展开。

1. 现代化建设中出现的资源消耗、环境污染、人居条件恶化的严重教训

经过改革开放近 20 年的发展，我国现代化取得世界瞩目的成就，但也为此付出了沉重的代价，具体表现在以下三个方面。

资源消耗。我国是一个人口众多的国家，资源相对不足，能源消耗过大。以 2004 年为例，中国的 GDP 占全球的 4%，各种能源消耗所占全球比例是：一次性能源约占全球的 12%、淡水约占全球的 15%、氧化铝约占全球的 25%、钢材约占全球的 28%、水泥约占全球的 50%。

环境污染。工业和农业发展使得环境污染日趋严重。大气污染是目前第一大环境问题。大量含汞、铬、铅、砷等有毒金属，含酚、氰、油及各种有机化合物有毒物质的污染物，还有大量流失的农药和化肥，这些污染物源源不断流入水体，造成水污染严重。

人居条件恶化，城市环境质量不容乐观。据 1996 年中国环境状况公报统计，78% 的城市河段不适宜做饮用水源，50% 的城市地下水受到污染。在受到监测的 338 个城市中，大气环境质量符合国家一级标准的城市不到 3%，空气污染指数高于三级的城市占到了 63.5%，其中有 112 个城市的平均污染指数达到了四级，属重度污染。

2. 社会各界，特别是学术理论界对片面经济发展的反思和对中国传统文化"天人合一"和谐思想价值的重新认识

现代化建设中出现的严重教训给人们敲响警钟，社会各界，特别是学术理论界对片面经济发展进行反思。学术界看法是，以经济增长为核心的发展观，对促进经济增长、迅速积累财富起到了积极作用。但是，由于经济增长并不能体现收入分配的改善和社会结构的完善，不能反映技术进步的变化，并没有给人们带来所期望的福祉，相反，却出现了高增长下的分配不公、两极分化、社会腐败、政治动荡、环境污染和生态破坏。学术界将这种现象归纳为"有增长无发展""无发展的增长"，在理论上确认了发展与增长之间的差异。学术理论界对中国传统文化"天人合一"和谐思想价值重新认识，强调整体和谐的观念、生态伦理观念，尊重自然规律。

3. 世界各国工业化发展的教训和20世纪七八十年代以来可持续发展思想的启示

总结世界各国的工业化发展经验和教训，我们得出的结论是：第一，增长不等于发展；第二，经济发展不等于社会进步；第三，发展不能以牺牲生态环境为代价。例如，20世纪50—80年代，震惊世界的公害事件接连不断。1952年的伦敦烟雾事件，污染物进入市民肺部，一些人出现咳嗽、呕吐、喉痛等症状，5天死亡4000人。1953—1956年发生在日本水俣镇的水俣病事件，工业废水排放污染中含的甲基汞被鱼吃后被人食用，患者口齿不清、步履蹒跚、面部痴呆、精神失常，180人患病，50人死亡。

国际社会提出了可持续发展概念，提出构建人与自然和谐关

系，走可持续发展道路。1987年，挪威前首相布伦特兰代表联合国环境与发展委员会在会议上发表《我们共同的未来》，系统提出了可持续发展战略。20世纪80年代提出的可持续发展思想中，党中央受到很大启发。江泽民在1996年3月召开的中央计划生育工作座谈会上概括指出："所谓可持续发展，就是既要考虑当前发展的需要，又要考虑未来发展的需要，不要以牺牲后代人的利益为代价来满足当代人的利益。"

4. 多年来党中央、国务院关于保护环境、节约资源的一系列要求

党中央对保护环境、节约资源的要求最早是从70年代开始的。1972年，中国派代表参加了联合国在瑞典斯德哥尔摩举行的第一次人类环境会议，次年中国召开了第一届环境会议，周恩来作为国务院主要领导人出席参加，以后历次的环境会议，党中央、国务院主要领导人出席参加会议成为一个惯例。1983年，全国第二届环境保护会议召开，李鹏代表国务院宣布"环境保护是我国一项基本国策"。1996年召开的全国第四届环境保护会议上，江泽民在大会上发表讲话，指出："经济的发展，必须与人口、环境、资源统筹考虑，不仅要安排好当前的发展，还要为子孙后代着想，为未来的发展创造更好的条件，绝不能走浪费资源和先污染后治理的路子，更不能吃祖宗饭、断子孙路。"2002年，朱镕基在第五次全国环境保护会议上发表题为《坚定不移走可持续发展道路，开创新世纪环保工作新局面》的讲话，会议汇报生态环境治理取得的成绩，也明确强调："保护环境是我国的一项基本国策，是可持续发展战略的重

要内容，直接关系现代化建设的成败和中华民族的复兴。"

5. 从单纯追求国内生产总值增长，到注重全面协调可持续发展方针的转变

在过去一段时期内，我们在发展问题上存在片面认识，单纯追求国内生产总值增长，不惜以牺牲环境资源为代价。党中央结合中国的现实状况，转变发展观念，将可持续发展方针作为一个理论提出来。八届全国人大四次会议审议批准《中华人民共和国国民经济和社会发展"九五"计划和2010年远景目标纲要》首次明确提出在中国未来发展中要实施可持续发展战略，"必须把社会全面发展放在重要战略地位，实现经济与社会相互协调可持续发展"。2003年3月9日，新当选中央领导集体召开全国人口资源环境会议，胡锦涛在会议上发表讲话，强调正确处理人口、资源、环境的关系，营造生产发展、生活富裕、生态良好的和谐社会。

（四）教学反思

科学发展观是在深刻把握我国基本国情和新的阶段性形势的基础上形成与发展的，是在深入总结改革开放以来事件经验的基础上形成与发展的，是在深刻分析国际形势、顺应世界发展趋势、借鉴国外工业化发展经验教训的基础上形成与发展的。本案例紧紧扣住以上科学发展观的形成条件，从历史视角分成五个方面进行详细的讲解，采用原始资料，讲事实，使用案例，使学生充分了解科学发展观提出的时代背景，更进一步认识到科学发展观是我国发展的重要战略机遇时期接受了系列重大挑战而形成的一项理论成果，更好理解科学发展观的历史地位和现实意义。

本案例侧重于微观层面的分析，宏观分析稍有欠缺，对如何从国际大局和国内大局相互联系中科学审视科学发展观，如何从国际因素发展变化和相互影响中把握提出科学发展观的必要性等问题尚未进行深入的挖掘，今后的教学中要进一步将国际与国内两者结合起来，充分揭示科学发展观是将中国的发展放到世界大视野中，扬长避短，趋利避害，取得发展主动权，思考和制定的中国发展战略。

中国：发展中国家，抑或发达国家

一、基本信息

案例作者：门小军

所在单位：上海外国语大学

对应课程：毛泽东思想和中国特色社会主义理论体系概论

对应章节：第八章　第一节　第一目

二、案例正文

（一）案例描述

2010年以来，发达国家的一些政客和媒体频频发声，认为中国已经不再是发展中国家，而是发达国家，这也成为中美贸易战中美国及其一些盟友企图让中国承担更多国际责任的重要托词之一。具体来说，发达国家的政客和媒体认为中国已经是发达国家的理由有四个。一是经济成就说。中国的改革开放取得了巨大经济成就，2010年中国取代日本成为世界第二大经济体，标志着中国已经不再是过去的发展中国家。二是高新技术说。中国高端技术产品竞争力显著增强，在一些尖端技术领域内实现了重大突破。三是国际援助说。中国已经从受援国向援助国转换。近年来，各主要对华援助国家纷纷取消传统意义上的双边援助项目。继日本之后，德国、英国、欧盟、澳大利亚等都结束了对华援助。四是国际影响说。该观点的基本逻辑是，中国作为"重要的、崛起的新兴力量，在国际社会发挥着不可或缺的作用"，其影响力、身份和作用是其他发展中国家不可企及的。

（二）思考讨论题

中国已经是发达国家了吗？

课堂讨论总结要点：

（1）中国国内生产总值总量位居世界第二，但不能掩盖中国人均国内生产总值水平低，以及经济发展区域不均衡的现实问题。

（2）社会生产能力在许多领域进入世界前列，不能掩盖科技实力和创新能力整体上与发达国家的差距。

（3）中国从受援助国转变为援助国，只是意味着与其他发展中国家合作发展的深入，并不能得出中国已经是发达国家的结论。

（4）中国的国际影响增大，固然与中国综合国力的提升有关系，但更多体现的是世界各经济体之间的相互依赖关系的增强。比如，中国经济增长对世界经济增长的贡献度，总书记在纪念改革开放40周年大会上指出，中国多年来对世界经济增长贡献率超过30%。

（三）案例解析

习近平总书记在十九大报告中指出，我国社会主要矛盾已经转变为人民日益增长的美好生活需要同发展不平衡、不充分之间的矛盾，但我国仍是世界上最大发展中国家的国际地位没有变。对此，可从真实国情和国际标准两个视角加以澄清。

1. 真实国情的视角

我国目前人均国内生产总值只相当于世界平均水平的80%左右，按国家和独立经济体排位，大体处在世界中列，在创新能力、产业层次、公共服务等方面与发达国家相比，仍有相当大的差距。这也意味着，实现建成富强、民主、文明、和谐、美丽的社会主义现代化强国目标，还有很长的路要走。我们要牢牢把握社会主义初级阶段这个基本国情，牢牢立足社会主义初级阶段这个最大实际，牢牢坚持党在社会主义初级阶段的基本路线。

2. 国际标准的视角

联合国开发计划署1990年起发布的"人类发展指数"，是世界上衡量一个国家经济社会发展水平最具权威性和代表性的量化指标。

"人类发展指数"（HDI）将全球所有经济体划分为极高人类发展水平（≥0.800）、高人类发展水平（0.700~0.799）、中人类发展水平（0.550~0.699）和低人类发展水平（<0.550）共4个分组，其中被列入极高人类发展水平分组的经济体才是发达国家，被

列入其他3个分组的经济体均为发展中国家。2020年，中国HDI为0.761，位列第85位，为高人类发展水平。

排名	国别	HDI	排名	国别	HDI
1	挪威	0.957	19	日本	0.919
2	爱尔兰	0.955	23	韩国	0.916
2	瑞士	0.955	26	法国	0.901
6	德国	0.947	52	俄罗斯	0.824
11	新加坡	0.938	84	巴西	0.765
13	英国	0.932	85	中国	0.761
16	加拿大	0.929	114	南非	0.709
17	美国	0.926	131	印度	0.645

（四）教学反思

（1）我国社会主要矛盾的变化，没有改变我们对我国社会主义所处历史阶段的判断，我国仍处于并将长期处于社会主义初级阶段的基本国情没有变，我国是世界上最大发展中国家的国际地位没有变。通过真实国情和国际标准两个视角的讲解，可以回答我国为何仍是发展中国家的问题。结合课堂讨论，学生能够清楚认知到"第三个没有变"提出的背景和意涵。

（2）在明晰发达国家为何质疑中国发展中国家地位的背景和原因，以及中国为何仍是发展中国家的客观依据之后，还需要将学生的思考引向深处。教师应当发挥主动引导作用，聚焦WTO关税壁垒、世界银行贷款利率设定、气候变化的国际责任承担三个层面，有意识地引导学生思考和讨论"发达国家质疑中国的发展中国家地位的意图是什么""在当前阶段,中国应承担什么样的国际责任"等问题,使学生在客观认知中国实际国情的基础上,认清发达国家社会政客和媒体所谓"中国责任论""中国对等论"的意图和实质。

(3)对中国是发展中国家,抑或发达国家问题的课堂解析,还应当结合官方权威表态加以说明。这方面,可做重点分析的文献是2019年王毅国务委员兼外交部部长在欧洲政策中心举办的欧洲智库媒体交流会上的演讲《迎接中欧关系更加美好的未来》。该演讲聚焦欧洲当前对中国的不同看法,主要围绕"中国到底是发展中国家还是发达国家?""中国到底是合作伙伴还是竞争对手?""中国到底是和谐共处的朋友还是非此即彼的威胁?"三个问题给予了回应。针对第一个问题,王毅国务委员兼外长指出:

近年来,随着中国经济快速发展,有些欧洲朋友认为,中国已经是一个发达国家了,开始用发达国家的标准来审视中国,甚至提出要事事"对等"。但就像一场百米赛,一方已跑出50米,却要求与刚刚起跑的选手对等,这显然并不合理。当然,如果是场马拉松,能有更多时间给后发的选手,相信只要努力,仍有可能后来居上。

我要告诉大家的是,中国确实仍然是一个发展中国家。尽管经济总量已达世界第二,但人均GDP仅为美国的1/6、欧盟的1/4,人类发展指数也排在世界80位以后,科技教育水平与发达国家还有明显差距,发展不平衡、不充分问题依然突出,工业化尚未完成。因此,无论从哪方面来说,要求一个刚发展几十年的国家同发展了几百年的国家"对等",这本身就是一种"不对等"。

中国有句古诗:"横看成岭侧成峰,远近高低各不同。"意思是从不同角度观察事物,会得出不同的结论。如果我们以实事求是的态度,从发展中国家的角度看中国的话,将呈现出一幅极为亮丽的风景。中国不仅在自身发展上取得巨大成就,而且为世界做出了远超其他国家的贡献。比如在增长方面,中国对全球经济增长的贡献率连续10多年保持30%以上,成为世界经济增长主要动力源。开放方面,中国已超额完成加入WTO时的各项承诺,平均关税降至7.5%,超过所有发展中大国,正在接近发达国家水平。营商环境方面,在世界银行发布的排名中,中国在过去两年快速提升了47位,前进至第31位,成为世界上改善幅度最大的经济体。减排环保方面,过去20年中国植被增加量占全球25%以上,2018年中国碳排放强度比2005年下降45.8%,提前实现对国际社会的承诺目标。国际合作方面,中国已成为联合国第二大会费国和维和摊款国,是安理会五大常任理事国中派出维和人员最多的国家。这样一个蒸蒸日上并且为人类发展进步做出越来越大贡献的发展中大国,难道不应当得到欧洲以及国际社会的欢迎和肯定吗?

松江区"河长制"河水治理

一、基本信息

案例作者：王宝珠

所在单位：上海外国语大学

对应课程：毛泽东思想和中国特色社会主义理论体系概论

对应章节：第十章　第五节

二、案例正文

（一）案例描述

2016年，根据摸底调查，松江区存在重污染河道28条（段），共计23.67公里，断头河（浜）186条。同时，市级部门为我区确定了26个水质考核断面，其中2个国考断面，24个市考断面。以此为切入点，松江区推出"河长制"，"河长"是水质考核断面的责任人，牵头负责对河道流域的环境综合整治。同时，明确由区委书记和区长挂帅担任 2 个国考断面的"河长"，24 个市考断面将由区委、区政府其他领导担任"河长"。针对我区的 28 条（段）重污染河道，将由区领导挂点督导，各街镇（开发区）党政主要负责人担任"河长"，各村居也需明确指定河道负责人。届时，全区 1421 条（段）河道将全部落实专人担任"河长"。

"水污染，问题表现在水上，根子在岸上。因此要全境治水。""河长制"，就是要狠抓治水责任的分级落实，将责任从区级层层传导至镇、村以及企业主体上去，实现依法科学治水。[①]

为了巩固治水成果，做到长治久清，松江区水务局依托"互联网+"模式，全面推行河长制信息化 APP 平台。网格巡查员通过"松江河长"APP 即可完成河道巡检并上传记录，将发现问题、快速处理形成闭环管理；同时管理部门对于网格员的日志和发现情况可以进行跟踪检查，完善了河道监督巡查的责任机制和考核机制，对于推进水环境综合整治、提高整治成效起到积极作用。[②]

2020 年 10 月 30 日，松江首个村居河长工作站在仓吉居委会揭牌。据悉，村居河长工作站将打通河长制工作的"最后一公里"，成为村民和河长的联络点，成为他们参与治水护水的议事堂、交流学习的加油站以及河湖治理的信息站和宣传点，构建共谋、共管、

[①] 书记区长挂"河长"以上率下治河道　松江建立"河长制"　明年全面完成黑臭河道治理［EB/OL］. 上海市松江区人民政府网，2016-08-31.
[②] 张益. 松江区设立"河长制"后治理效果颇具成效　水质已改善到三类水标准［EB/OL］. 周到上海·新闻晨报官方网站，2019-12-10.

共享的治水护水新格局。①

(二) 思考讨论题

(1) 请结合上述案例,梳理并总结松江区河水治理的制度建设。

(2) 请结合松江区"河长制"河水治理案例,谈谈如何构建生态文明保护体系,建设美丽中国。

(3) 请结合生活实际,举例谈一谈您对传统产业"+生态"和新兴产业"生态+"的认识。

(三) 案例解析

就学情分析而言,大一本科生对生态文明都能够有一定的思考,但是难以形成系统的认识。尽管大一本科生对经济发展与生态保护之间的关系有所思考,但是难以全面看待经济系统和生态系统之间的辩证逻辑关联,也难以形成二者之间的学理逻辑框架。尽管大一本科生已经在一定程度上认识到生态保护的必要性和重要性,但是还未能完全做到生态保护"知行合一",提升由"知"到"行"的转化是当前重中之重。尽管大一本科生对生态文明制度有所了解,但尚不能道清生态文明制度设计缘由,因而难以形成体系性思考。

通过课堂学理分析,帮助学生厘清经济系统与生态系统的三层关系:①人类经济活动需要且依赖生态系统;②人类经济活动过分

---

① 陈菲茜. 松江首个村居河长工作站揭牌 打通河长制工作"最后一公里" [EB/OL]. 东方网,2020-11-04.

使用资源，破坏了生态系统；③生态系统的破坏会反过来影响经济系统的运行。在此基础上，进一步引导学生系统分析"生态破坏的原因"，从整体上来看，在既定的技术水平、生产方式、消费方式和能源形式条件下，人类对最终产品的无限追求超过了生态可承载的能力。从系统的角度来看，非绿色的制度、技术、生产方式、消费方式和能源形式，构成了粗放型的经济发展方式，进而在经济过快增长的过程中带来了生态破坏。其中，生态制度的缺失是根本原因，非绿色的技术、生产方式、消费方式和能源形式是直接原因。

那如何才能将理论转化为现实呢？应该让学生具体了解其中转化的路径，并对建设美丽中国充满信心进而转化为现实行动。以松江河道治理为例，介绍松江河道治理的历史脉络、"河长制"的实施逻辑与治理效果，进而将课堂理论融入其中，自然引出建设美丽中国需要脚踏实地的制度和行动，既要注重传统产品实现"+生态"，也要注重生态产品实现"生态+"，从而构建生态文明制度，建设美丽中国。

（四）教学反思

1. 实施效果及成果

上海外国语大学坐落于松江，以松江区"河长制"为例，可以使得学生更加关注身边的问题，与此同时，学生实践活动也会倾向于调研身边问题，这样可以引导学生关注现实，并上升至理论探究高度。

2. 存在问题及改进思路

第一，培养学生问题意识的效果是否能够达到？只有从现实出发，才能够强调问题意识，培养批判精神。因此，本案例试图抛出具有争议性的问题引发思考，而这一问题也必须来自学生周边实际，这样才能够切实引起学生关注。

第二，学生是否能够将课堂所学的理论分析应用于现实问题？突出学理性分析，培养大学生系统、辩证看待问题的能力，解决这一问题的思路并不在于学生是否能够记住某一理论知识，而应当在于"润物细无声"地形成分析问题的思维能力。

第三，学生是否能够将课堂所学转化为行动自觉？凸显从理论到行动的转化，通过松江"河长制"河水治理案例激发大学生关注身边事的兴趣，进一步借助于实践课，使学生在实践中形成探究逻辑，最终转化为行动自觉。

《共产党宣言》与中国革命

一、基本信息

案例作者：郭琳

所在单位：上海外国语大学马克思主义学院

对应课程：毛泽东思想和中国特色社会主义理论体系概论

对应章节：第二章 第一节

二、案例正文

（一）案例描述

1920年8月陈望道翻译的《共产党宣言》（以下简称《宣言》）完整中文译本，作为社会主义研究小丛书的第一种，由社会主义研究社在上海出版，这是历史上马克思主义经典著作的第一个完整中文版本。马克思的正面半身照片印于封皮之上，"社会主义"

这个重要概念也出现在封皮上，这些因素都为马克思主义的传播提供了便利。首个完整译本的发行，开启了马克思主义在中国体系化的主动译介和传播，为中国人接受马克思主义思想创造了社会舆论基础，也为中国共产党的成立做了理论铺垫。在此基础上，《宣言》推动了中国无产阶级革命的发展，促成革命精神的形成。回首历史，可以说《宣言》中文译本的顺利发行，预示着中国革命的胜利离不开思想的跨国流动、坚定的信念以及国际支援。

首先，我们要在思想文化国际交往的视野中透视陈望道翻译《宣言》，这与他在日本的留学经历密切相关。他在日本学习期间，接触并开始了解马克思主义，为其之后的信仰确立以及投身共产主义事业奠定了基础。近代以来，日本知识分子解决主体困境的路径主要有三条，分别是"脱亚入欧""亚洲统一"和社会主义。1903年幸德秋水出版的《社会主义精髓》简单明了地阐释了日本早期马克思主义者对社会主义的理解，并将这种理解运用于对国际秩序的判断。20世纪的前十年，日本对马克思主义思想的研究大有进展，大量专著的出版为关注该思想的读者提供了契机。第一次世界大战爆发后，对西方列强本质的进一步认识促使劳工运动和社会运动在日本蓬勃开展，马克思主义迅速普及。日本涌现出一批有影响力的马克思主义者，且多集中活跃于东京首都圈。陈望道正是在这一时期求学于东京诸高校。身为一个有理想、有抱负的青年，他痛心于中国的状况，受日本进步思想的影响，他开始阅读马克思主义的著作，并通过中日进步人士的社交网络，与当时日本马克思主义的代表性学者有过接触。

在日本的经历，为陈望道理解马克思主义和中国革命的出路增添了国际视角，其共产主义信仰也逐渐确立。1919 年陈望道回国后，受聘于浙江省立第一师范学校，但很快因激进改革而受到保守力量的抵制和诽谤，被扣上"非孝、废孔、共产、公妻"的罪名，最后还酿成"一师风潮"的流血事件。事件之后，他便回到义乌老家。经过此番顿挫，陈望道对改变社会的意愿更加迫切。据陈望道自己回忆，1920 年年初上海《星期评论》杂志开始约他翻译《宣言》。当时《星期评论》由戴季陶、李汉俊、沈玄庐三人主持，陈望道翻译主要使用的底本是戴季陶给他的日本版。该版本由幸德秋水和堺利彦经由英文版翻译而来，而英文版则是由萨缪尔·穆尔（Samuel Moore）从德文版翻译而来，并得到恩格斯亲自校对，权威性有所保证。据目前学术界的普遍看法，陈望道在翻译过程中还参考了《宣言》的英文版。鉴于老家的环境和条件，陈望道在翻译过程中能够参考的资料相当有限，而《宣言》本身涉及的知识面宽广，翻译过程中颇为花费精力，但信念的力量使得他将这一工作坚持下来。当翻译工作完成之时，他们却面临没有经费出版的尴尬。此时，维经斯基代表共产国际来到上海，为《宣言》的出版提供了经费支持。[1]

（二）思考讨论题

（1）《宣言》是在什么样的背景下被翻译成中文的？

（2）《宣言》对中国革命进程产生了哪些积极影响？

---

[1] 张放. 论《共产党宣言》对中国革命进程的影响 [J]. 上海党史与党建，2021（01）：9.

（三）案例解析

《宣言》中文版的传播，积极参与塑造了中国革命进程。它的出现有效改变了革命者对于中国革命性质的理解以及对革命目标的期盼。这一改变对于我们之后进一步透视中国革命精神的形成，发挥着关键作用。具体来看，可以从四个方面来理解《宣言》与中国革命之间的关系。

第一，《宣言》为中国共产党的建立打下人才和理论基础。

1920年，《宣言》被翻译并正式出版发行，而这一年在中国共产党的历史上至关重要。这一年，在思想上已经转向马克思列宁主义的陈独秀在上海重新组织了《新青年》编辑部，吸收陈望道、李汉俊等拥护马克思主义的青年知识分子加入。经过调整，在上海出版的《新青年》实际上成为马克思主义宣传重镇，同时也成为后来筹建中国共产党的基地。这些渴望进步思想的同道中人于5月一同建立马克思主义研究会，积极创办刊物，组织工会，宣传马克思主义。《宣言》完整本的翻译出版工作自然成为马克思主义研究会的任务之一。马克思主义研究会也为上海共产党早期组织的建立奠定了基础。维经斯基到上海后就发现，当时中国革命活动"最薄弱的地方就是活动分散"，不过在上海《新青年》和支持其发行的群益书店则能够"作为一个核心把这些革命团体团结在它的周围"。

第二，《宣言》构成中国革命者信仰和理想愿景的基石。

《宣言》之于中国革命的核心价值之一便是提供了对未来社会的理想愿景描述，很多进步青年正是追随这一愿景，形成了共产主义信仰，并立志为这一愿景奋斗终身。在革命时期，革命者对这种愿景的向往是非常真实的。很多人都是在年轻时读了《宣言》等马克思主义读物，决定投奔共产党，义无反顾走上革命道路的。当时还有不少从事教育的青年教师，由于对现实不满开始阅读《宣言》等书籍，从而发现了对未来社会构想的全新可能，并通过课堂将这些进步书籍介绍给学生，影响更多人投身理想事业。《宣言》在追求进步的学生中影响非常大，即便在某些无法直接读到该书的内陆地区，青年人也都对其中的内容有所耳闻。

第三，《宣言》为团结民众、发动更深入的社会革命提供了关键性理论武器。

共产党人通过《宣言》明确了将群众团结起来，是取得革命胜利、建立理想社会的唯一路径。那么，如何将群众团结起来，成为革命者下一个面临的问题。而《宣言》中出现的"阶级斗争"概念，对共产党人深入群众、发动群众，尽可能地团结和动员革命力量，起到了最为关键的作用。可以说"阶级斗争"概念，对中国革命和建设影响极其深远。中国共产党所进行的革命动员，与对"阶级"概念的理解把握以及对"斗争"概念的洞悉密不可分。

所谓革命动员，发动革命，其实质便是在广大农村地区进行阶级划分，将传统中国文化中含情脉脉的农村文化割裂、打破，按照马克思主义的"阶级"视角对其力量进行重新整合，调整农村的权力格局和政治秩序，将马克思主义的概念与中国的现实问题有机结合起来，进而在解决民族前途的"整体性思路"和日常生活的"具体性实践"之间建立起关联。将"阶级"和"阶级斗争"概念落地的关键一步即是农村调查。毛泽东非常重视实地调查，并撰写多份农村调查报告。毛泽东正是在不断深入农村的过程中，逐渐将基于自身生活体验的感性认识转化成了基于马克思主义的理性认知。而这一过程也是将《宣言》中的"阶级斗争"概念不断融入中国革命、塑造革命精神的过程。

第四，《宣言》为革命者理解中国革命注入了国际视野。

《宣言》诞生的历史背景是由于资本主义的迅速发展而形成的跨越国境和地区的时代危机。在这一背景下，《宣言》的核心问题意识并非集中于某个国家或者某个地区，而是关注全球性状况。而《宣言》所倡导的理想愿景得以实现的逻辑基础，也是以在全球范围内将先进革命力量调动组织起来为前提。因此，《宣言》本身就具有广阔的国际视野。当中国革命者通过阅读《宣言》来理解自身行动的价值和意义时，势必将这种国际视野带入其中。

（四）教学反思

教学过程中梳理了陈望道先生翻译《宣言》的背景、过程，展现出《宣言》翻译过程所具有的全球化背景。这为学生理解中共革命和共产党的初心打开了另外一个视角，帮助他们通过更广阔的视野来理解革命的价值和意义。

专题三：
中国近现代史纲要

中国先进知识分子选择马克思主义的历史必然性

一、基本信息

案例作者： 于新娟

所在单位： 上海外国语大学

对应课程： 中国近现代史纲要

对应章节： 第四章 第一节

二、案例正文

（一）案例描述

2021年我们迎来了中国共产党创建100周年，也是中国共产党缔造的中华人民共和国成立72年，在这个重要的历史节点，我们回顾总结20世纪初中国先进知识分子选择信仰马克思的历史必然性，从历史发展本身的内在节律厘清20世纪初中国先进知识分子何以选择马克思主义的深层逻辑，对于历史性地理解近现代中国何以选择中国共产党、选择社会主义制度，并走向当代的中国特色社会主义，具有前提性和基础性的意义。

中国共产党是在中国一批最优秀的知识分子选择信仰马克思主义的基础上建立起来的。马克思主义传入中国是在19世纪末20世纪初，开始时与其他近代西方文化一样，也属于"外来文化"。中国先进知识分子在众多社会思潮中经过反复比较、观察、分析、研究和实践，最终确定将马克思主义作为自己的信仰，使其成为中国革命的指导思想，并在数十年中对中国的政治、经济、文化的总格局产生了极其深刻的影响，这远非其他任何一种西方思潮所能及。

中国近代先进知识分子学习西方，几乎搬来了西方全部的思想库，但其结果不是化作过眼云烟转瞬即逝，就是成为少数知识精英的精神奢侈品仅供鉴赏，唯独马克思主义一枝独秀，在中国大受彰扬，以至决定、支配和改变了近代中华民族的命运，成为数十年来占统治地位的意识形态。应该看到，历史总是遵循着某种不以人们的意志为转移的客观规律，总是在社会政治、经济、文化等各方面因素的相互交织所形成的"合力场"推动下前进。同样，马克思主义在中国传播并开花结果，也不是"历史的误会"，而是中国近现代政治、经济和文化诸要素合力作用的必然结果：首先是中国人民在争取民族解放和实现国家富强过程中反复探索的结果；其次是中国先进知识分子在各种社会思潮交锋论战中筛选的结果；再次是马克思主义本身的科学性和实践性决定了它能够在中国广泛传播的结果；最后是中国文化传统底蕴与马克思主义理论精神的相契合性决定的结果。

（二）思考讨论题

中国的先进分子选择马克思主义而没有选择其他形形色色"主义"的原因是什么？

需要从以下三个"新"展开思考：一是十月革命带来的新视角；二是五四运动唤起的新觉悟；三是中国共产党展现的新局面。

另外，还需要思考当时传入中国的其他西方理论和学说虽不尽相同，甚至迥然有别，但它们有一个共同特点就是不能从根本上满足中国社会当时最为紧迫的反帝反封建的双重诉求，因而无一例外地遭到中国人民的摒弃。

（三）案例解析

马克思主义作为一种东渐的现代西方社会思潮，在短短的一二十年间，迅速占据中国社会思潮的主导地位，一枝独秀，并从根本上改变了中国社会的思想文化格局。这一切不仅源于马克思主义理论本身的科学性，也是中国社会政治、经济、文化等因素相互交织所形成的"合力场"推动的结果。

第一，马克思主义是对资本主义文明体系的全面扬弃。马克思的唯物史观和剩余价值学说科学剖析了资本主义文明产生、发展直至灭亡的历史命运，对资本主义进行了深刻批判，勾画出超越资本主义文明体系的社会主义文明蓝图，这正好融释了中国知识分子对西方文明的矛盾心理，即欲图寻找超越资本主义文明救国良方的希望。这种心理上的满足，恰是中国先进知识分子在众多西方思潮中迅速趋向马克思主义的一个重要思想根源。而马克思主义的阶级斗争学说又为先进知识分子提供了解决中国社会问题的有效途径。

第二，鸦片战争以来，先进的中国人为挽救民族危亡和实现国家富强不断向西方寻求真理。鸦片战争打破了清政府"天朝上国"的迷梦，西方列强用大炮掀开了近代中国历史的第一页，中国社会开启了大变局，中国社会也陷入了严重的价值缺失和精神迷茫之中。自此开启了近代中国有识之士寻求救亡图存道路的征程，也开启了重新寻找和确立中国价值的进程。

第三，十月革命的影响和五四运动的爆发，给中国先进知识分子带来了新的视角，并唤起了新的觉悟。

第一次世界大战以极端的形式暴露了资本主义的弊端，战后欧洲生灵涂炭、满目疮痍，战争空前的残酷性和破坏性，引起先进知识分子对西方文明价值与人类文明前景的重新估价，李大钊说："此次战争使欧洲文明之权威大生疑念。欧洲人自己亦对其文明之真价不得不加以反省。"[①] 中国先进知识分子把学习西方的目光转向了东方，这就为选择马克思主义提供了现实的土壤。"十月革命一声炮响，给我们送来了马克思列宁主义"，由于十月革命发生在情况和中国相同或相近的俄国，因而对中国知识分子有着极为特殊

---

① 李大钊. 东西文明根本之异点 [J]. 言治, 1918 (03).

的吸引力和亲和力,"走俄国人的路——这就是结论"①。十月革命给中国先进知识分子以新的革命方法的启示,即采取暴力革命,正如吴玉章说,"从前的一套革命老办法非改变不可","通过十月革命和五四运动的教育,必须依靠下层人民,必须走俄国人的道路,这种思想在我头脑中日益强烈、日益明确了"。②

五四运动唤起了中国先进知识分子的新觉悟。帝国主义在巴黎和会上的表演,使中国人民对帝国主义的强盗本质有了新认识;通过五四运动,知识分子认识到群众运动的伟大威力,并认识到工人阶级的历史使命和强大力量。五四运动后思想领域出现了马克思主义与改良派、无政府主义之间的三次大论战,使马克思主义的影响力较论战前有了巨大进步,在国内的传播从崭露头角到形成宣传社会主义的高潮,为中国共产党的成立做好了思想理论和队伍的准备。

第四,中国文化传统底蕴与马克思主义理论精神的相契合性有利于先进知识分子接受马克思主义。首先是马克思主义对资本主义的批判,弥补了近代以来中国社会文化自信的严重缺失。其次,尽管马克思主义诞生的文化背景,同以农耕文明为基础的中国传统文化之间有着很大差异,但二者在社会理想方面的确存在许多相通之处,这在客观上有利于马克思主义为中国先进分子所认同和接纳。再次,在文化思维方式上,中国传统思想文化中有朴素的唯物主义

---

① 毛泽东. 论人民民主专政: 毛泽东选集(第四卷)[M]. 北京: 人民出版社, 1991: 1471.
② 吴玉章. 吴玉章回忆录[M]. 北京: 中国青年出版社, 1978: 109-112.

和辩证法底蕴,这使得中国先进分子比较容易接受和体会马克思主义的辩证唯物主义和历史唯物主义哲学。最后,中国传统文化就其本身形成发展的历史进程而言,它与中国统一的多民族国家形成发展的历史实践是一个同步的过程,因而具有兼收并蓄、以变制变的文化精神。

(四)教学反思

实施效果良好。首先,本案例理论性较强,具体实施过程中,首先导入问题引发学生思考:作为一名当代的大学生,是否思考过"马克思主义作为西方思想文化的一个流派,为什么能在近代西学东渐过程中在中国开花结果?""为什么产生于西方的马克思主义理论能够成为中国革命的指导思想?"等,由此引发学生带着问题进入本案例的学习。问题导入是本案例具体实施过程中的特点之一。

其次,由于本案例内容丰富,涉及政治、经济、文化以及国际关系等多个领域,知识信息量庞大,富有逻辑的讲述不仅能引发学生的兴趣,也能满足学生的差异化需求。

存在问题:①本案例的关键之一就是需要学生理解马克思主义理论的丰富内涵,但由于马克思主义理论博大精深,且授课对象主要是大学一年级学生,理论知识储备有限,这就为案例讲授带来一定困难。②讲授本案例的教师大多毕业于历史学专业,对于马克思主义理论有基本了解,但还需要进一步丰富。③由于本案例理论性较强,教学过程中以教师讲授为主的授课方式还无法满足学生的需求。

改进思路:①可以通过青马班、读书会等形式来解决学生的马克思主义理论知识储备不足的问题,或者将授课顺序安排在"马克思主义基本原理"课程之后。②授课教师需要不断丰富理论知识,培养扎实的理论功底和学术素养,并提高讲课技能。③丰富教学手段,如课堂讨论、视频等,以提高教学效果。

康有为的维新思想

一、基本信息

案例作者： 孔祥瑞

所在单位： 上海外国语大学马克思主义学院

对应课程： 中国近现代史纲要

对应章节： 第二章　第三节

二、案例正文

（一）案例描述

鸦片战争后，国门被迫打开，西方开始了对中国的政治、经济、文化的侵略。不屈的中国人民奋起反抗，掀起了救亡图存的运动，戊戌维新是其中有较大影响的一次。代表民族资本主义发展和要求的改良知识分子是维新运动的主要力量，而康有为是他们的领袖和代表人物。讲清楚康有为的变法思想有助于学生了解变法运动的本质，认识到维新变法图强的伟大意义，了解资产阶级改良知识分子的软弱性和失败的必然性。

（二）思考讨论题

康有为维新思想的来源及历史意义是什么？

（三）案例解析

康有为的维新思想代表了新兴民族资产阶级的要求，他们希望改变传统的社会政治制度，为民族资本主义的发展创造良好的生存环境。

1. 康有为维新思想的来源

（1）少承庭训

①传统典籍

祖父康赞修是举人，父亲康达初始秀才。家庭藏书丰富。康有为5岁能背唐诗数百首，6岁跟启蒙老师读《大学》《中庸》《论语》《孝经》，10岁"诗文皆成篇"。父亲去世后，祖父教育他，读了《纲鉴》《大清会典》《东华录》《明史》《三国志》《邸报》。

②西学书籍

1874年，17岁的康有为读了《海国图志》《瀛寰志略》等书。还读了利玛窦、艾儒略、徐光启所译的西书。

③行万里路

康有为跟随祖父养成了游览的习惯，保持终生。

康有为海外流亡16年，游遍4洲31国，行程60余万里。

（2）问学理学名家朱次琦

朱次琦辅导康有为攻读《周礼》《仪礼》《尔雅》《说文》《水经》《楚辞》《汉书》《文选》、杜甫诗等。康有为"以日埋故纸堆中，汨其灵明，渐厌之"，产生了对传统学问的怀疑和厌倦。

（3）向张鼎华订"道义交"

康有为在家乡西樵山隐居时遇到了张鼎华，开始接触近代维新政治思潮。读了《西国近事汇编》《环游地球新录》《王制》《太平经国书》《文献通考》《经世文编》《天下郡国利病书》《读史方舆纪要》等。

（4）香港、上海的见闻

1879年年底，游览香港。"西览西人宫室之瑰丽，道路之整洁，巡捕之严密，乃始知西人治国有法度，不得以古旧之夷狄视之。"全力研读佛道之书。

1882年（25岁），顺天乡试后到上海。"益知西人治术之有本"，大购西书，订《万国公报》。他订购的书籍有工艺、兵法、医学、宗教典籍等，3000多册，占江南制造局翻译馆所售书总数的四分之一。

（5）落第苦读

康有为落第后，在家乡苦读。

读《东华录》《大清会典则例》《十朝圣训》等，"大攻西学书"：声光电化等自然科学，还对各国的历史、政治、文化、地理知识，"别有会悟，能举一以反三，因小以知大"。

在分析完康有为的维新思想来源后,接着论述康有为维新思想的意义。

2. 康有为维新思想的意义

(1) 维新变法

(2) 吸收西学知识,改造传统儒学:

①于1901年编撰《大同书》

②用儒释道学说构造了一个乌托邦社会

③用进化论、现代政治理论重新解释了儒家思想中的三世说

(四)教学反思

通过案例教学,对康有为的维新变法思想进行了较好的阐释,基本实现了教学目标。但具体的内容还需要进一步的提高,如康有为的变法思想是借用西学改造了儒学实现的,如何了解传统儒学到西学化的儒学是教学中的难点,应该再讲些背景知识,会更有助于学生对课堂知识的理解和掌握。

"五四"前后马克思主义的传播

一、基本信息

案例作者：王英

所在单位：上海外国语大学马克思主义学院

对应课程：中国近现代史纲要

对应章节：第四章　第二节

二、案例正文

（一）案例描述

党的十九大报告指出，要坚持社会主义核心价值体系，必须坚持马克思主义，牢固树立共产主义远大理想和中国特色社会主义共同理想，培育和践行社会主义核心价值观，构建社会主义核心价值观要继承革命文化，不忘本来，更好构筑中国精神、中国价值、中国力量，为人民提供精神指引。本文着重探讨近代中国处在内忧外患的时候，早期马克思主义者如何寻求救国救民的道路，特别注重讨论早期马克思主义传播过程中报刊、社团、知识分子的重要作用，以期从历史的发展中寻求经验，并为当下的马克思主义传播提供借鉴。

（二）思考讨论题

（1）"五四"前后马克思主义如何传播？

（2）马克思主义传播的主要媒介是什么？

（三）案例解析

在形势的推动下，一批爱国的、具有初步共产主义思想的知识分子、进步青年经过各自的摸索，逐步走上了马克思主义的道路。

马克思主义传播的阵地得到扩大。十月革命后到五四运动前，介绍新思潮的刊物只有几种，介绍社会主义的文章寥寥无几。五四运动后，全国各地出版的刊物猛增至400余种，其中相当数量的刊物以介绍新思潮、改造社会为己任。

1920年9月，上海共产主义小组法租界大马路（今金陵东路）279号成立了新青年社，这是早期马克思主义者掌握的第一个出版机构。新青年社直接办理编辑、印刷、发行一切事务，除继续出版《新青年》月刊外，还出版了《劳动界》《上海伙友》等刊物，此外还编译了《阶级争斗》《社会主义史》等"新青年丛书"。1921年出版《马克思传》（王仁编）、《工钱劳动与资本》（袁让译）等

"马克思全书"15种。

1923年出版"列宁全书"14种，包括《劳农会之建设》《讨论进行计划书》《共产党礼拜六》《列宁传》《劳农政府之成功与困难》等。还出版了共产主义丛书，包括《共产党的计划》《第一国际议案及宣言》等。

在上海共产主义小组的领导下，1920年11月21日，上海成立了机器工会，同年12月上海印刷工会成立，分石印部和铅印部，后两部合并。印刷工会的成立且不断壮大，间接地丰富了早期马克思主义者的传媒资源。

随着马克思主义的传播，早期马克思主义队伍初步形成。张闻天1917年秋考上了我国培养水利工程人才的高等学校——南京河海工程专门学校。五四运动中，张闻天和沈泽民等人组建南京学生联合会，创办《南京学生联合会日刊》，在该刊现存的51期中，有15期刊登了张闻天的文章，总共30多篇评论、杂评和随感录。他的《社会问题》一文运用马克思的唯物史观分析观察了中国的现实问题，在文章的末段，还全文摘录了《共产党宣言》第二章中的十条纲领，这也早于陈望道《共产党宣言》中文全译本的出版（1920年5月）。1922年，张闻天在《民国日报·觉悟》上发表《中国底乱源及其解决》一文，用马克思主义的观点论述中国革命和社会主义前途，文中写道："我希望在实现社会主义的历程中做一个小卒。"可以说，张闻天是江苏地区传播马克思主义的第一人，更是"中国传播马克思主义的先驱之一"。

杨贤江不仅是马克思主义教育思想的传播者，还注重如何培养青年的社会责任感。在《从救国运动到社会运动》一文中，他号召青年"到民间去"。在《唐山大学生和开滦矿工》一文中他指出："在平时青年学生应和工人联络，给他们受教育的机会，替他们诉说苦痛。"这些主张尽管还不是很系统，但初步表达了青年要走与工农相结合的道路的思想。

沈泽民是沈雁冰之弟。五四时期在南京河海工程专门学校读书，满怀爱国激情积极投身五四运动，参加编辑《南京学生联合会日刊》。1919年11月，沈泽民成为少年中国学会南京分会的发起人之一，并担任《少年世界》校勘，1921年4月加入中共上海早期组织，成为中国共产党最早的一批党员之一。1921年在南京出席少年中国学会大会期间，他翻译了《第三国际议案及宣言》等，传播了马克思列宁主义。

杨杏佛于1918年10月赴美国哈佛大学留学，学成回国后，在南京高等师范学校任教授，曾幻想科学救国。五四运动发生后，杨杏佛阅读了英文版的《资本论》、列宁的《国家与革命》等著作，受到社会主义思想影响，决心寻找一条改造社会的道路。1919年8月，杨杏佛到南京高等师范学校（后改为东南大学）任教，经常在课堂、青年集会上演讲马克思主义，宣传社会主义，先后发表《马克思生平》《马克思主义和阶级斗争》《论马克思主义的剩余价值》等文章。1920年12月，杨杏佛为南京各校青年学生讲《教育与劳动问题》，他号召青年："要像马克思那样，养成牺牲的精神，为人类谋幸福。"

（四）教学反思

马克思主义是具有实践精神的科学体系。马克思主义作为一种以实践性为本质特征的理论学说，从实践中产生，在实践中发展，以改变现实世界为目的。因此，早期马克思主义传播对挽救民族危亡的社会现实具有积极影响和促进作用。一百年前，中国早期先进分子接受并传播了马克思列宁主义，当今，时代变了，环境变了，但是传播、坚持马克思主义不能变。我们要大力推进马克思主义中国化、时代化、大众化，不忘初心，继续前进，坚定走中国特色的社会主义道路，为实现中华民族伟大复兴的中国梦而不断努力。

首先，建设好发展好中国特色社会主义，让马克思主义始终充满生机活力。近代中国沦为半殖民地半封建社会，尽管有不少仁人志士为了寻找救国救民真理，不惜抛头颅、洒热血，但始终未找到一条适合中国发展的道路。五四运动之后，在马克思列宁主义同中国工人运动相结合的进程中，中国共产党诞生了。中国有了共产党，这是开天辟地的大事变，从此，中国共产党以马克思主义为指导，紧紧依靠人民，跨过一道又一道沟坎，取得一个又一个胜利，实现了中国从几千年封建专制向人民民主的伟大飞跃，实现了中华民族由不断衰落到根本扭转命运、持续走向繁荣富强的伟大飞跃，实现了中国人民从站起来到富起来、强起来的伟大飞跃，走上了一条宽广的中国特色社会主义道路，走上了一条民族复兴、国家富强、人民幸福之路。

其次，牢牢把握正确舆论导向，不断推进马克思主义中国化、时代化、大众化。中国共产党成立之后，早期中国共产党人和先进知识分子，结合当时社会实际，传播马克思列宁主义，努力扩大马克思列宁主义对不同社会阶层的影响力，唤醒民众，取得了很好的效果。新中国成立之后，特别是改革开放以来，我国取得了巨大成就。但是，我们仍然面临着四大考验和四大危险，时刻面临着西方意识形态和价值观的渗透、挑战。在新形势下，马克思主义的中国化、时代化、大众化更为迫切。我们要充分认识到网络化、信息化、数字化所带来的深刻社会变革，充分发挥网络、手机、电视等新传媒技术和传统媒体报刊、广播、板报等的作用，牢牢把握主旋律和正确的舆论导向，传播正能量。

中国共产党成为抗日战争的中流砥柱

一、基本信息

案例作者：郭慧超

所在单位：上海外国语大学马克思主义学院

对应课程：中国近现代史纲要

对应章节：第六章　第四节

二、案例正文

（一）案例描述

案例一：2020年9月3日，习近平总书记在《纪念中国人民抗日战争暨世界反法西斯战争胜利75周年座谈会上的讲话》中讲道："75年前的今天，中国人民同世界人民一道，以顽强的意志和英勇的斗争，彻底打败了法西斯主义，取得了正义战胜邪恶、光明战胜黑暗、进步战胜反动的伟大胜利！75年前的今天，中国人民经过14年不屈不挠的浴血奋战，打败了穷凶极恶的日本军国主义侵略者，取得了中国人民抗日战争的伟大胜利！这是近代以来中国人民反抗外敌入侵持续时间最长、规模最大、牺牲最多的民族解放斗争，也是第一次取得完全胜利的民族解放斗争。这个伟大胜利，是中华民族从近代以来陷入深重危机走向伟大复兴的历史转折点，也是世界反法西斯战争胜利的重要组成部分，是中国人民的胜利，也是世界人民的胜利。中国人民抗日战争的伟大胜利，将永远铭刻在中华民族史册上！永远铭刻在人类正义事业史册上！"①

案例二：1935年12月25日中央政治局通过的《中央关于目前政治形势与党的任务决议》中指出："要战胜中国人民的公敌日本帝国主义及其走狗卖国贼，共产党员必须深入群众中去，参加与领导一切群众的、民族的与阶级的斗争。这里，主要的关键是运用广泛的统一战线。一方面，是在靠集中最大的力量，去对付最重要的敌人；另一方面，是在使广大的群众根据于他们自己的政治经验，来了解党的主张的正确，争取他们到党的旗帜之下。"②

（二）思考讨论题

（1）传统上讲"八年抗战"，为什么习近平总书记讲中国人民经过14年的艰苦抗战最终取得了抗日战争的胜利呢？

---

① 习近平.纪念中国人民抗日战争暨世界反法西斯战争胜利75周年座谈会上的讲话[N].人民日报，2020-09-04（02）.
② 中共中央文献研究室.建党以来重要文献选编（1921—1949）：第12册[M].北京：中央文献出版社，2011：546.

（2）《中央关于目前政治形势与党的任务决议》中提出建立广泛的统一战线体现了中国共产党怎样的抗战方针？这种抗战路线的选择又会对抗日斗争的开展起到怎样的作用？

（三）案例解析

案例阐释：2014年9月1日，中华人民共和国民政部公布第一批在抗日战争中牺牲的英烈，以纪念在艰苦卓绝的斗争中舍生取义的英雄们。其中一个名字静静地躺在名单中，但这个名字当年不光生前令日本侵略者胆寒，甚至死后还得到了侵略者的尊敬，那就是杨靖宇将军。杨靖宇将军早在1932年就受党中央所托在东北组织抗日联军，与日军周旋于白云黑土之间。在被敌人杀害后，敌人好奇在弹尽粮绝的情况下杨靖宇靠什么撑了这么久。于是他们剖开了杨靖宇将军的胃，发现一粒粮食也没有，只有一些根本不能消化的树皮、棉絮和破布。这样的气节和坚定的斗争精神，使穷凶极恶的敌人也惊呆了。杨靖宇将军领导的东北抗日联军抗日斗争，只是身先士卒的共产党员举起抗日大旗的一个缩影。过去，我们一直讲八年抗战是从1937年到1945年，那为什么杨靖宇将军在1932年就开始抗战了呢？

东北抗日联军艰苦英勇的斗争，是1931年"九一八"事变以来中国共产党迅速做出的判断，是国难当前心系中华民族前途命运而做出的决策，与蒋介石"不抵抗"的政策形成鲜明对比。中国共产党在应付国民党围剿的同时，坚定提出抗日救国的政治主张。"九一八"事变的第二天中共满洲省委就发布了《为日本帝国主义武装占领满洲宣言》，这是世界"二战"史上第一个反法西斯的正义宣言；其后中共中央发表《中国共产党为日本帝国主义强暴占领东三省事件宣言》，号召全国人民一致动员起来反对日本帝国主义。所以案例一中习近平总书记在纪念中国人民抗日战争暨世界反法西斯战争胜利75周年座谈会上的讲话中提到中国人民14年艰苦的浴血奋战，正是从"九一八"事变算起的。近年教育部在教材修改过程中不断落实"十四年抗战"的概念。这个提法不仅仅是时间年限的改变，不是简单的数字相加或者政党之间历史认识问题之争，而是实质上凸显了从1931年开始中国共产党领导的局部抗战的历史地位，是对局部抗战和全面抗战的历史过程的真实还原，解决了长期以来抗战起点认识不一的问题，客观反映了中国共产党在抗日民族统一战线形成中所做出的政治努力。

1935年的瓦窑堡会议上，中国共产党提出了建立抗日民族统一战线的政策，提出要组织全国民众，向反革命进攻。同时，为了促使国民党蒋介石政府抗日，中共中央放下政治前嫌（此时的党经受了第五次反围剿失败后主力受到严重损失，许多优秀的共产党员都被蒋介石反动派杀害），不断调整政策，力促西安事变和平解决，促成了第二次国共合作，推动了抗日民族统一战线的形成。因此，这两个案例非常能够说明中国共产党对反对日本帝国主义侵略的坚定立场，说明中国共产党从一开始就确立全面抗战路线的主张。

事实上，正是因为中国共产党率先坚定地举起了抗日大旗，坚定地为形成抗日民族统一战线不断努力，坚定地同中国人民一道进行抗日战争，而在抗日战争中发挥了中流砥柱的作用。因此，中国共产党在抗日战争中的中流砥柱作用，不是自封的，而是历史和人民做出的回答。其一，中国共产党率先举起抗日的大旗，并摒弃政治嫌隙，同国民党部分军队达成停火协定，进行局部抗战。其二，从反蒋反日到逼蒋抗日，再到联蒋抗日，坚持"发展进步势力、争取中间势力、孤立顽固势力"的总方针，中国共产党为形成抗日民族统一战线做出不懈努力，提出了全面抗战的路线，团结了国内一切可以团结的力量。其三，以毛泽东为代表的中国共产党人论证了中国必胜的内在逻辑，同时又警示人民抗战的持久性和艰苦性，对国内悲观认为中国再战必败和盲目乐观认为中国可以速胜的错误观点进行了厘清。其四，中国共产党重视开辟敌后战场，发展游击斗争。尤其在日本侵华战线收缩、对国民党采取诱降政策以来，日军将打击重点放在中共领导的敌后抗日根据地。中共先后建立近20个敌后抗日根据地，经历了日军无数次扫荡，付出了巨大牺牲，牵制了日军大量兵力，为抗日战争取得最后胜利做出了贡献。其五，在抗战中中国共产党和中国人民所展现的大无畏精神和毁家纾难的民族责任感坚定了中国人民抗战的信心。以前文所说杨靖宇将军为代表，抗日战争中涌现出大批优秀的中共党员，他们在日本帝国主义的铁蹄和屠杀面前毫无惧色，用血肉铸就了帝国主义难以逾越的钢铁长城。习近平总书记将抗战精神概括为：天下兴亡、匹夫有责的爱国情怀，视死如归、宁死不屈的民族气节，不畏强暴、血战到底的英雄气概，百折不挠、坚忍不拔的必胜信念，这是我们宝贵的精神财富。

（四）教学反思

案例教学预期目标：使学生充分理解和掌握抗日战争的伟大意

义，把握认识抗日战争中中华民族取得胜利的逻辑必然，理解中国共产党在这场伟大战争中中流砥柱的关键作用，培养学生爱国情操和民族精神，坚定学生爱党爱国的政治立场。

实施效果及存在问题：讲授效果整体良好，大部分学生对中国共产党在抗日战争中的中流砥柱作用认识深刻。但囿于讲授时间限制，讲授中对社会上充斥的一些貌似有数字、史料佐证但实际是历史虚无主义的观点论述不透，对网络上对中共中流砥柱作用持怀疑态度的观点批判不够。同时需要进一步明确，强调中国共产党中流砥柱的作用与正确认识国民党正面战场的作用是并行不悖的。

改进思路：①案例导入可以增加对质疑"中国共产党是抗日战争的中流砥柱"的观点相关的讨论环节，以问题为导向，梳理教学内容。②增加国共双方官方史料中两个战场战役次数、投入兵力、伤亡情况等翔实数据的内容，用历史事实证明其虚无性。

为什么和如何学习中国近现代史?

一、基本信息

案例作者：衣永刚

所在单位：上海外国语大学马克思主义学院

对应课程：中国近现代史纲要

对应章节：导言第三小节

二、案例正文

（一）案例正文

材料一：媒体报道大V罗昌平涉嫌侮辱英烈被刑拘后判刑

2021年10月8日下午，海南省三亚市公安局吉阳分局通报，涉嫌侮辱抗美援朝志愿军英烈的网民"罗某平"已被刑事拘留。

据了解,"罗某平"为前媒体人罗昌平,其个人微博目前已无法搜索到。

警方通报称,公安机关于 7 日接群众举报,网民"罗某平"在新浪微博发布侮辱抗美援朝志愿军英烈的违法言论,造成恶劣影响。三亚市公安局吉阳分局于当天依法传唤罗某平(男,湖南长沙人,40 岁,新浪微博名"罗某平")并开展调查。

经审查,罗某平对其通过微博发表侮辱抗美援朝志愿军英烈言论的违法行为供认不讳。目前,三亚市公安局吉阳分局已经以涉嫌"侵害英雄烈士名誉、荣誉罪"对罗某平刑事拘留,案件正在进一步办理中。

2020 年 5 月 5 日,海南省三亚市城郊人民法院对被告人罗昌平侵害英雄烈士名誉、荣誉暨刑事附带民事公益诉讼一案依法公开宣判。罗昌平被判有期徒刑七个月,并承担在一些媒体公开赔礼道歉等民事责任。

材料二:2018 年 12 月人民日报社发布《"狼牙山五壮士"侵权案成指导案例 侵害英烈名誉需担责》

2013 年 8 月 30 日,网民张某因虚构信息、散布谣言污蔑"狼牙山五壮士",被广州警方处以行政拘留 7 天。

2013 年 9 月 9 日,本案被告洪振快针对上述事实,在财经网公开发表《小学课本"狼牙山五壮士"有多处不实》一文。随后洪振快在《炎黄春秋》杂志 2013 年第 11 期上发表了《"狼牙山五壮士"的细节分歧》,对"狼牙山五壮士"事迹细节进行探究。在无充分证据的情况下,涉案文章多处做出似是而非的评价、推测乃至质疑。

采访主审法官认为，尽管涉案文章无明显侮辱性语言，但被告洪振快在文章中通过强调与基本事实无关或者关联不大的细节，从而否定主要事实的真实性，进而降低他们的英雄形象和精神价值。被告洪振快的行为符合以贬损、丑化的方式损害他人的名誉和荣誉权益的特征。

北京市西城区人民法院于2016年6月27日做出判决，被告洪振快立即停止侵害行为，并于判决生效后三日内公开赔礼道歉。一审宣判后，洪振快向北京市第二中级人民法院提起上诉，北京市第二中级人民法院于2016年8月15日做出判决：驳回上诉，维持原判。

最高人民法院认为，英雄烈士事迹和精神是中华民族的共同历史记忆和社会主义核心价值观的重要体现，英雄烈士的名誉、荣誉等受法律保护，任何组织和个人不得歪曲、丑化、亵渎、否定英雄烈士事迹和精神。该案推动了英烈保护法的出台，弘扬了保护英雄的社会正气，对类似案件的审判起到了示范指引作用。

材料三：钱穆《国史大纲》前言

凡读本书请先具下列诸信念：

■ 当信任何一国之国民，尤其是自称知识在水平线以上之国民，对其本国以往历史，应该略有所知。否则最多只算一有知识的人，不能算一有知识的国民。

■ 所谓对其本国以往历史略有所知者，尤必附随一种对其本国以往历史之温情与敬意。否则只算知道了一些外国史，不得云对本国史有知识。

■ 所谓对其本国以往历史有一种温情与敬意者，至少不会对其本国历史抱一种偏激的虚无主义，即视本国以往历史为无一点有价值，亦无一处足以使彼满意。亦至少不会感到现在我们是站在以往历史最高之顶点，此乃一种浅薄狂妄的进化观。而将我们当身种种罪恶与弱点，一切诿卸于古人。此乃一种似是而非之文化自谴。

■ 当信每一国家必待其国民具备上列诸条件者比较渐多，其国家乃再有向前发展之希望。否则其所改进，等于一个被征服国或次殖民地之改进，对其自身国家不发生关系。换言之，此种改进，无异是一种变相的文化征服，乃其文化自身之萎缩与消灭，并非其文化自身之转变与发皇。

（二）思考讨论题

1. 中学已经学习了中国通史，为什么大学里还要学习中国近现代史？

2. 历史就是背诵与记忆关于过去的知识吗？如何学习中国近现代史，大学里的历史课与中学里的历史课有什么区别？

3. 历史有什么用？在百度、人工智能、元宇宙时代，历史对我们的意义何在？

4. 外国语大学的学生如何去理解、去学习中国近代史？

（三）案例解析

上述三则材料的含义无须展开。材料的共同特征是说明历史对当下的意义和必要，历史教育和历史学习在今天遇到的挑战。

习近平总书记说"历史是最好的教科书，也是最好的清醒剂"。中国人对历史的敬畏是由来已久的，史官、修史、编志的传统几乎伴随着中国文明演进的整个进程。清代龚自珍言，"欲知大道，必先为史；灭人之国，必先去其史"。我们都学过《最后一课》的故事，语言、历史对一个国家、一个民族的意义是不言自明的。马克思说"我们仅仅知道一门唯一的科学，即历史科学。历史可以从两方面来考察，可以把它划分为自然史和人类史。但这两方面是不可分割的；只要有人存在，自然史和人类史就彼此相互制约"。法国年鉴派学者马克·布洛赫在《为历史学辩护》中写道，"历史学以人类的活动为特定的对象，它思接千载，视通万里，千姿百态，令人销魂，因此它比其他学科更能激发人们的想象力"。

挑战来自时代发展过程中出现的问题，当流量主宰媒体，注意力稀缺，眼球经济盛行，面对信息越来越碎片化、知识越来越商品化、思考越来越浅薄化的现象，大学教育走向何方？历史教育和历史学习如何开展。对上海外国语大学的人才培养来说，通过《中国近现代史纲要》这门思政课的学习，我们如何理解钱穆先生提到的"虚无主义"？我们如何对历史保持"温情和敬意"。

《辞海》中词条："虚无主义通常指不加分析地盲目全盘否定人类文化遗产，否定民族文化，甚至否定一切的态度和思想倾向。"参照龚自珍的注解，历史虚无主义的实质就是"去其史"，否定本国、本民族的基本文化、信仰和道路。如果考察英语世界中的"虚无主义"概念，可知其源于拉丁语中的"nihil"，意为"什么都没有"。

通俗地理解，在追求流量、博眼球的自媒体盛行时代，即使一向以严肃面目出现的历史类公众号或网站或视频号，也不乏可以浏览到以推翻既定历史和历史人物的叙述、评论为目的，打着"再论""解密""重说""科普""戏说"之类名号，以"反思历史""重写历史""翻案历史"等的夸张方式出现的文章或视频内容。分析这些文章，其基本的套路就是以点概面，从微观的、个别的角度去否定历史的宏观发展，任意地曲解、割裂、涂抹甚至伪造史料，以精心挑选的历史细节来割裂歪曲历史，让历史真相、主观臆测变得"虚无"、模糊，让人们失去是非判断标准，从而达到借否定历史来否定现实的目的。这就是历史虚无主义的基本特征，有人概括为，历史虚无主义具有怀疑主义、相对主义、解构主义与颓废主义等特点。

试列举中国近现代史中历史虚无主义的几种案例：一是"新清史"研究。以国外学者欧立德（Mark C. Elliott）、路康乐（Edward Rhoads）、柯娇燕（Pamela K. Crossley）、罗友枝（Evelyn Rawski）等代表，也有少数中国学者赞同其中观点。这种观点认为中国的概念只是一种设想，如果用全球化看中国，那"中国"就"消失"了，清朝并非中国，中国只是清朝统治的一部分；清朝属于内亚史，并非中国史。企图通过否定清朝的中国属性，来否定中国对清朝版图的继承。二是否定革命。21世纪初，学术界曾出现一种以"现代化范式"取代"革命式范式"研究，从而否定近代中国革命的倾向；甚至提出"革命压倒/中断启蒙"，试图对革命进行彻底否定，反而去赞美旧社会、旧制度，来否定历史的进步。近代以来，

131

中华民族的各阶级、各民族为了取得民族的独立，推翻专制政权进行了长期的奋斗，根据革命的主体、目标等，近代中国的革命分为"旧民主主义革命"和"新民主主义革命"。无论是哪一种革命，我们都应该肯定。关键是如何厘清革命与现代化之间的关系，两者并非非此即彼的对立，历史发展不同阶段的主要矛盾决定了哪种方式或路径更符合历史方向。三是碎片化历史。历史研究首先要去还原历史的场景和情境，尤其要警惕用当下的标准去衡量历史上的事件。有一些所谓"历史的细节"类文章有意把我们党和党的领袖在特定历史条件下所发生的某些失误、犯的错误无限放大，完全遮蔽和抹杀中国共产党人为了中华民族伟大复兴而做出的卓越贡献和取得的巨大成就等。还有一些不遵循历史研究的基本要求和历史发展规律，用今天的形势和条件去衡量过去的事件与决策，不是把事物的功过是非放到当时历史条件下分析判断，而是宣称"中国应该全面跟美学英""抗美援朝是错误的决策"等。四是以新中国成立以来的错误否定取得的成就。国外学者试图否定新中国成立以来取得的举世瞩目的成就，将新中国建设和发展过程中挫折不断放大，企图否定新中国经济发展成就，人民生活水平大大提高，综合国力不断增强的客观事实，从而进一步否定社会主义道路。新中国建立以来，我们坚持社会主义道路，不断探索社会主义建设的道路，摸着石头过河。在这个过程中，我们曾经出现了"大跃进""人民公社化运动"等失误，但是从总体上来说，我们取得了巨大的成就，创造了世界上的经济发展奇迹。

习近平总书记指出，"要旗帜鲜明反对历史虚无主义，加强思想引导和理论辨析，澄清对党史上一些重大历史问题的模糊认识和片面理解，更好正本清源、固本培元"。抵制和反对历史虚无主义关系人心向背，关系党的领导和政权安全，要在认清历史虚无主义的表现、本质及其走向的基础上，有效应对和回击历史虚无主义。

关于学习中国近现代史的目的和要求，教材列出了五点，对这五点的把握要通过古今中外的对比，有针对性引导学生加深理解，理解概念、理解含义、理解背景、理解意义。

（四）教学反思

对大学生来说，问题关键不是要不要学习历史，而是如何学习历史？如何在中学生已经掌握了历史基本知识点的基础上加深对历史的理解，如何从习惯地背诵与记忆转向自觉地思考与审辨，如何从中学追求标准答案的学习模式转向在阅读写作、分析比较中培养对话与创新的意识，在审辨中强化认同，在中外比较中强化政治定力，从而坚定"四个自信"。

对外国语大学的学生而言，中国近现代史纲要教学如何加强针对性，如何向世界"讲好中国故事""讲好中国共产党的故事""讲好当代中国治国理政的故事"，如何做到扎根中国、胸怀天下，切实提升全球话语能力是本课程的重点。

只有理解过去才能理解现在和未来。学习中国近现代史首先要坚持马克思主义历史观，坚持历史唯物主义和辩证唯物主义。意大利史学家哲学家克罗齐在其专著《历史学的理论和实际》中提出，"一切历史都是当代史"。"当代"是指它构成我们当前的精神生活的一部分，历史是精神活动，是对历史做出叙述时所出现的一种思考状态，这种思考无疑是思想的现实化和历史化，历史就是过去与现在的不断对话，"历史是对过去时代的活思想"。克罗齐的论断有绝对化和片面的趋向，但对我们学习和研究历史具有启发。理解历史不能脱离历史发生时的时代背景，即时间本身不是独立的存在，也不是事物存在的外在条件，而是精神自身的一部分，我们不能把时间和过去看成是精神以外的事物。历史正是以当前的现实生活作为参照系，对过去的理解只有和当前的视域重合时，才有意义。正如马克思指出的，"对人类生活形式的思索，从而对它的科学分析，总是采取同实际发展相反的道路。这种思索是从事后开始的，就是说，是从发展过程的完成的结果开始的"。

　　理解历史包括对历史事件的探究和对思想创新的把握。英国著名历史学家柯林伍德提出，"一切历史都是思想史""史学的确切对象乃是思想，——并非是被思想的事物而是思想本身的行为"，这一观点虽然是基于历史唯心主义的方法，但是他强调历史事件中贯穿着思想，历史事件并非仅仅是现象或史实，而是包含着对历史发展中思想的突破，这一观念对历史学习和历史研究有着重要意义。历史的魅力在于历史并不是单纯事件的发生过程，学习历史不是仅仅以史为鉴，也不仅是为了继承传统文化，它更是一个思想产生的过程。学习历史更重要的是培养自身的审辨能力，锻炼审辨能力、培养创新思维是学历史的关键。历史思辨能力就是对历史知识或问题的自我思考和认识，审辨能力是"审"和"辨"两方面的能力，"审"，指的是观察事物、分析问题的思维方式和方法；"辨"，指的是辩证、辨别、辨认事物的过程和结果，审辨能力与创新思维密切关联，创新是思想的动力和源泉。

在全球史中理解中国近现代史。罗素在《怎么阅读和理解历史》中说，对历史的透视能够使我们更清楚地看出，什么事件和哪种活动有着永久的重要性。要学会从它们的历史背景去观看当代的事物，并把它们想象成它们若是在过去时所会呈现的那样子，这种习惯会有助于健全而冷静地判断。习近平2015年8月在致第二十二届国际历史科学大会的贺信中指出，"人事有代谢，往来成古今。历史研究是一切社会科学的基础，承担着'究天人之际，通古今之变'的使命。世界的今天是从世界的昨天发展而来的。今天世界遇到的很多事情可以在历史上找到影子，历史上发生的很多事情也可以作为今天的镜鉴。重视历史、研究历史、借鉴历史，可以给人类带来很多了解昨天、把握今天、开创明天的智慧。所以说，历史是人类最好的老师。……'全球视野下的中国'，这是一个很好的题目。中国有着5000多年连续发展的文明史，观察历史的中国是观察当代的中国的一个重要角度。不了解中国历史和文化，尤其是不了解近代以来的中国历史和文化，就很难全面把握当代中国的社会状况，很难全面把握当代中国人民的抱负和梦想，很难全面把握中国人民选择的发展道路。中国人民正在为实现中华民族伟大复兴的中国梦而奋斗，需要从历史中汲取智慧，需要博采各国文明之长。"

专题四：
思想道德与法治

关于范跑跑事件的师德讨论

一、基本信息

案例作者：卞卓斐
所在单位：上海外国语大学
对应课程：思想道德与法治
对应章节：第五章

二、案例正文

（一）案例描述

范美忠，毕业于北大历史系，曾供职于四川都江堰市光亚学校，2008年"5·12"地震发生的时候，正在讲课的范美忠丢下了学生一个人跑出了教室，5月22日在天涯上发帖《那一刻地动山摇——"5·12"汶川地震亲历记》一文。文中细致地描绘了自己在地震时所做的一切以及过后的心路历程，称"在这种生死抉择的瞬间，只有为了女儿才可能考虑牺牲自我，其他人，哪怕是我母亲，在这种情况下我也不会管。因为成年人我抱不动，间不容发之际逃出一个是一个"，掀起轩然大波，被网友讥讽为"范跑跑"。此事引发了一场关于"师德"的大讨论。

（二）思考讨论题

范美忠的行为是否违背了师德？在危难时刻，冒着生命危险去保护学生是教师的道德义务还是超道德行为？如果是道德义务，那么就应该是强制性的，做不到理应受到公众的道德谴责，但如果是超道德行为，那么做到了值得称赞和歌颂，做不到也不应强求，进行道德绑架。

（三）案例解析

道德规范可分为基本的道德义务和超道德要求，而基本的道德义务又分为消极义务和积极义务两种。

消极的义务即否定性义务，表现为不对他人做不好的事。如不要伤害他人、私有财产不可侵犯等。积极的义务即肯定性义务，表现为去做对他人有好处的事，即帮助他人的义务。如坚持正义的义务；互相尊重的义务；守望相助的义务；当别人在需要甚至危险时帮助他的义务，前提是假定帮助者不需要冒太大的危险或自我牺牲。

这类互相帮助的义务也是人类最基本的道德义务。任何人都有可能陷入这种需要帮助的境地。单独来看，被帮助者获得的利益大大超过了帮助者的损失，总体来看，这个原则显然有利于社会中的所有人。它有助于在所有社会成员中形成一种共同的信念，即人们遇到困难时就可指望他人帮助，缺乏这种信念的支撑，我们的社会就不可想象。

超道德要求是指可以选择去做的、更高的道德追求，这是一种分外行为，对个人而言更高的道德要求。如仁慈、自我牺牲、英雄主义等。这种更高的道德追求旨在促进个人进行道德上的自我完善。

以人的基本权利——生命权为例：一个人的生命权蕴含着否定性的义务，即不能伤害他人生命，尤其是不能伤害他人生命来满足自己的利益。一个人的生命权也意味着肯定性的义务，即当无须付出太大代价之时，人们有帮助他人生存的义务。道德肯定性义务的前提条件是无须付出太大代价，否则就可能导致超道德要求。超道德要求指一个人自愿放弃自己的生命权以挽救他人生命或利益的行为。道德义务和超道德行为是有区别的，前者是强制性的，做不到理应受到谴责；后者是自愿的，做不到不应苛责，否则就是道德绑架，但是做到了就值得人们称赞和歌颂。

道德义务应该是人们所能承受并愿意承受的责任。要判断是否可以为人们接受，要看人们对这些义务是否达成了共识。这种共识或者是人类社会发展中长期潜移默化形成的，或者是通过人们理性讨论后所规定的。道德义务理应是公平的，人人都应当履行的，或者更准确地说，在相同情境和相同社会身份的条件下，人人都应当履行的。如警察保护公民、士兵保家卫国其实是将超道德要求转化为一个特定职业的道德义务，这种特定职业的道德义务就是职业道德。

那么，范美忠在危难时刻抛下学生先行逃生到底是否违反了作为教师的职业道德？

2008年6月15日，《新京报》上《"范跑跑"亵渎"自由"》的评论文章指出，范美忠和他的学生并不是一条木船上的普通乘客，而是有权利责任关系的法律主体：范美忠代表学校对学生行使监护权，具有监护责任，学生被家长委托给学校享受被监护权。在发生有生命危险的灾难性事件的紧急情况下，监护人有责任冒着自己的生命危险去救助自己的被监护人。这种情况下的救助责任，和军人在战场上的责任没有两样。评论文章又指出，自由是与责任对称的。没有责任的自由只能是兽（猎杀）的自由或鼠（逃跑）的自由，而绝不是人的自由。

虽然我们理解人的逃生本能，但在当时那种情况下，身为教师的范美忠如果能坚守岗位、组织学生有序撤退，或许可以挽救更多孩子年轻的生命，事实上，在汶川地震中，范美忠是唯一一位临阵脱逃的教师。在这次事件之后，中国教育部公布修改之后的《中小学教师职业道德规范》，"保护学生安全"首次被明确列入教师的职业道德之中。

范美忠所在的光亚学校的校长认为相较于对范美忠口诛笔伐，更应该骂那些盖楼盖垮的人。就这点而言，我们同意校长的观点。因为前者只是触犯道德的肯定性义务，而后者违反的是道德的否定性义务，否定性义务是最基本的道德义务，是道德的底线。地震时老师丢下学生独自逃生，这确实很可能如校长所言，是人在危险降临时一种本能的求生反应，这种本能只是没有尽自己的道德义务去救助别人，并没有伤害别人的利益。但建房子时故意偷工减料、用铁丝代替钢筋、水泥中掺沙土则是为了一己私利而谋财害命，为了自身利益而将他人生命置于险境。相比之下，当然后者行为更应该被谴责。

但即便如此，我们依然要指出的是，在危难时刻，保护学生的安全，尤其是未成年学生的安全，是身为教师的肯定性道德义务，是教师的职业道德，就像船长对乘客一样，在船沉之时，船长不应抛下乘客先行逃命，否则一定会遭受道德非议和谴责。

（四）教学反思

此案例在课堂教学中引发了学生的激烈讨论，学生就是否存在职业道德，职业道德是否是道德义务，冒着生命危险保护学生是否是教师的职业道德等问题进行了辩论。

有学生说根本不存在所谓的职业道德，医生救死扶伤、警察保护公民、士兵保家卫国只是职业的特定要求而已。教师在分析中进一步指出，假设在飞机上或火车上乘客突发急症，急需医生救治，而在无人知晓其身份的情况下，医生主动自愿站出来对病人施行救治，这是否是一种道德的行为？如果答案是"是"，那么我们就要承认这就是职业道德。再假设医生不站出来，病人死了，事后被发现身为医生居然见死不救，这是否会导致道德非议和谴责？如果答案是"会"，那么我们就要承认这种职业道德就是一种道德义务。

而在关于范美忠的行为是否违反师德的讨论中,学生各抒己见,甚至争得面红耳赤,不同观点和价值观的交锋和碰撞很好地引导了学生对职业道德和道德义务进行了深入的反思,取得了很好的教学效果。

之后在教学中可结合更多案例,如从 2020 年 12 月 4 日的望江女溺亡事件探讨警察的职业道德等,也可进一步讨论不同职业中共同的职业道德是什么,让学生对职业道德形成一定的道德共识,从而在未来的职业生涯中自觉遵守职业道德。

干惊天动地事　做隐姓埋名人——观看文献专题片《我们走在大路上》第五集《壮志凌云》

一、基本信息

案例作者：蒙象飞

所在单位：上海外国语大学马克思主义学院

对应课程：思想道德与法治

对应章节：第三章　第一节

二、案例正文

（一）案例描述

为了隆重庆祝中华人民共和国成立70周年，由中共中央宣传部、中央党史和文献研究院等共同摄制的24集文献专题片《我们走在大路上》，用珍贵的史料以及历史唯物主义的视角，全景式展现了中华人民共和国成立 70 年以来"敢教日月换新天"和"人间正道是沧桑"的伟大历史画卷，展现了 70 年来中国共产党和中国人民筚路蓝缕、砥砺奋进、一路走来的伟大历程，展现了中华民族从站起来、富起来到强起来伟大飞跃的历史逻辑、理论逻辑和实践逻辑。2019 年 9 月，文献专题片《我们走在大路上》在中央电视台综合频道首播，播出后受到广大观众的热议和好评。

《我们走在大路上》第五集《壮志凌云》的主要内容如下。

1955 年，党中央做出了中国发展原子能事业的战略决策，把发展以原子弹、导弹为代表的尖端技术放在突出位置。1964 年，中国第一颗原子弹爆发出惊天动地的巨响；1966 年，"两弹"结合飞行试验成功；1967 年，中国第一颗氢弹爆炸；1970 年，中国发射第一颗人造卫星；1974 年，中国核潜艇首艇交付海军使用。在呕心沥血的奋斗中，许多新中国的开国将帅和老一辈科学家，用生命与激情拥抱国家使命，最终凝聚成绚丽的光芒。他们用自己的生命和热血，锻造出了"热爱祖国、无私奉献，自力更生、艰苦奋斗，大力协同、勇于登攀"的"两弹一星"精神。

（二）思考讨论题

（1）如何理解"两弹一星"精神？

（2）在实现中华民族伟大复兴的征程中，如何弘扬"两弹一星"精神？

（3）中国精神的主要内容是什么？结合自身实际，谈谈大学生如何弘扬中国精神。

（三）案例解析

（1）"两弹一星"的研制过程，充分彰显了社会主义制度集中力量办大事的显著优势。

"两弹一星"的研制历程，是在党中央的统一领导下，全国各个行业、各相关部门大力协作、攻克难关的伟大历程。在我国发展原子能之前，世界已经进入核武器时代。西方资本主义国家对我们进行核威胁，当时中国笼罩在一片巨大的阴影中。在这种背景下，党中央做出发展原子能事业的战略决策。1956年，我国制订了科学技术发展的第一个远景规划，把原子能和平利用列为12项重点任务的第一项，同时，部署了两个更大的项目，即导弹和原子弹的研制。随后，国防部第五研究院即导弹研究院成立，新中国研制试验基地和工业企业建设的庞大工程也全面启动。1958年4月，甘肃酒泉开始建设导弹发射基地。新疆罗布泊核武器试验基地开始建设。一批批从炮火硝烟中冲杀过来的中国军人，带着战争年代的革命精神和优良传统，走向工厂矿山，走进科研院所，踏上了向国防现代化进军的新征途。数以十万计的工程兵、铁道兵部队和建筑工人队伍从四面八方向广袤的西北秘密开进。毋庸置疑，在新中国刚刚成立，面临百废待兴、一穷二白的基础上，在苏联撤走在华专家的艰苦条件下，"两弹一星"的成功研制，充分体现了党中央总揽全局、协调各方的领导核心作用，充分彰显了社会主义制度集中力量办大事的显著优势。

（2）"两弹一星"的研制过程，孕育了"热爱祖国、无私奉献，自力更生、艰苦奋斗，大力协同、勇于登攀"的"两弹一星"

精神。

新中国成立前后，1500多名海外高级知识分子，怀揣着民族复兴、为祖国建设国防力量的梦想，放弃了国外优越的科研条件和工作待遇，冲破重重阻挠，毅然决然地回到科学技术发展落后、科研条件艰辛的祖国，也正是他们奠定了新中国第一代科学研究体系。为了"两弹一星"的研制，十多万科研人员和参试部队告别了亲友，离开了故乡，乘坐各种交通工具来到了大西北，把自己的一生奉献给了祖国的国防科技发展。他们当中，90%的人不到35岁，很多人刚当上父亲或母亲，就放下家庭，隐姓埋名几十年，把所有精力和成就奉献给了祖国。他们是共和国的功勋，为祖国的科学技术和国防力量的发展鞠躬尽瘁。如果没有他们的无私奉献，就没有我们今天国防科技力量的强大和生活的安稳。

（3）在实现中华民族伟大复兴的"中国梦"征程中，大学生应继承和发扬"两弹一星"精神，为社会主义现代化建设、中华民族的伟大复兴贡献自己的力量。

"两弹一星"的试验成功，提高了中国的国际地位，维护了国家安全和世界和平。这是国家力量的象征，是民族兴旺发达的标志。今天的我们能够生活在一个日益强大的祖国，过着安稳的生活，没有战乱、饥饿等问题，这一切都是我们的先辈们用性命换来的，我们要倍加珍惜。人生易老天难老。如今，我们伟大祖国的国际地位日益提高，社会主义现代化建设平稳进行，我们有信心、有能力、有条件实现中华民族的伟大复兴。但是，中华民族的伟大复兴不是轻轻松松、敲锣打鼓就能实现的。"幸福是奋斗出来的"，青年大学生应当继承和发扬"热爱祖国、无私奉献,自力更生、艰苦奋斗,大力协同、勇于登攀"的"两弹一星"精神,为社会主义现代化建设、中华民族的伟大复兴贡献自己的力量。

(四) 教学反思

(1) 文献专题片图文并茂,激发同学们的学习兴趣,有利于提升思政课的感染力和吸引力。

(2) 教学案例介绍我国"两弹一星"的研制历程,有助于加深同学们对"两弹一星"精神的理解,进而加深对中国精神的理解,理解和领悟中国精神是实现中华民族伟大复兴中国梦的强大精神动力。

(3) 中国精神的内容丰富,由于课时所限,在实际课堂讲授中,不可能面面俱到将各种精神的主要内涵介绍清楚,选择"两弹一星"精神作为重点进行讲解,可以起到"以点带面"的教育效果。

(4) 本教学案例(视频)时长35分钟,作为教学课件,稍显冗长,部分学生会由于视频时间长而注意力不集中。下一步将对视频内容进行剪切,同时,在解析案例时,进一步交代清楚"两弹一星"研制的时代背景、重大意义,以及成功背后的原因,从而增强同学们对中国特色社会主义道路、理论、制度和文化的自信。

程序正当思维

一、基本信息

案例作者： 徐小平

所在单位： 上海外国语大学

对应课程： 思想道德与法治

对应章节： 第六章　第四节

二、案例正文

（一）案例描述

据《东方早报》2012年11月28日报道：2012年11月25日，一名叫"雾满拦江"的微博用户被新浪微博社区判定发布"不实信息"而被禁言15天。

11月25日中午，雾满拦江发了一则配图微博，称："图片上号啕大哭的女人，是个单身母亲。她生下孩子后，被人抱走收养，后来才知收养是个骗局，孩子被卖掉了。此后这位母亲辗转沪、浙、湘三地，奔波数千公里，终于找到孩子。但她并没有要回孩子，反遭暴打，买方要求她支付232万元的巨额赔款。她求助警方，警方称民间买卖孩子是好事，拒绝提供帮助。"他的这则微博被网友举报，称此为"不实消息"。举报受理后，新浪微博社区成立了社区委员会进行处理，委员会的投票结果是3:2，多数一方认为雾满拦江在说谎。新浪微博据此判定雾满拦江发布"不实信息"，对其做出了禁言15天的处罚。

该处罚是根据《新浪微博社区管理规定（试行）》（2012年5月28日通过）中的第十九条——不良信息处理流程做出，该流程为：（1）用户发布消息。（2）该消息被举报为不实消息。（3）新浪社区受理举报。（4）成立专家委员会处理：①建立网页卷宗；以微博通知的方式通知当事人进入网页卷宗举证或自辩；当事人陈述（自通知发出后3小时内）；判定（自陈述结束后12小时内）。②同时对涉及的微博予以标注，提醒他人此微博涉嫌违规已被举报。（5）新浪微博社区根据判定结果，完成对违规内容、用户的处置和公示，并以微博通知的方式告知。

当天中午，雾满拦江发完一条微博，晚上9点再发微博时，发现自己已被举报，而且过了答辩期。之后，雾满拦江在微博里做出辩解，称该微博并非原创，而是转载自人民网新闻，并贴出来自人民网的新闻源，但依然被告知"过了自辩时间"。

当天账号为"@章立凡"的博主指出，新浪微博本身也曾发布过这则"虚假"新闻。

最终，新浪站方撤销了对雾满拦江的"禁言"处罚。

（二）思考讨论题

（1）该程序的设计是否有什么不合理的地方？

（2）为什么要保障当事人的自辩权或陈述权？

（三）案例解析

1. 该程序的设计是否有什么不合理的地方？

该程序规定了被举报者有自辩的权利，但自辩权的行使前提是知晓自己被举报，有可能被处罚，从而去做陈述和辩解，如果不知道自己被举报，陈述和辩解也就无从谈起。这个程序的关键问题在于新浪微博社区的通知（通知被举报方，并告知对方应在一定时间内做出陈述和辩解）怎样才算送达对方。一般来说，发出通知的目的是要保障对方知晓，通常的程序设计都会考虑到通知送达的有效性，确保被通知方已经知悉通知内容，法律文书的送达有以下几种：直接送达；送达人拒收的，可以留置送达；直接送达有困难的，可以委托有关组织代为送达；邮寄送达；送达人下落不明或者用其他方式无法送达的，可以公告送达，公告期为60日。新浪这个程序的设置要求当事人在微博通知发出后3小时内进行答辩，没有考虑到送达的有效性，在这么短的时间里面，当事人可能会因为手机没电、信号不好，或有事没有看手机等原因，根本还没有收到通知就已经过了答辩期，这就使被举报人的自我辩护权无法实现，而单凭一方的举报，在没有听取另一方陈述，没有对证据进行质证的情况下，仅凭一方之言，仅听一面之词就做出处罚决定，对当事人而言，这样的处理使他没有参与到处理过程中，他的主张得不到表达，他的权利受到损害，也会使他产生在处理过程中未受尊重的感觉，从而不认同裁判结果。而对社会公众而言，这样的程序设计使一方的声音根本没有机会得到倾听，一方的利益得不到保障，程序的设计对被举报者很不公平，必然影响裁判结果的公平性，也很难使社会公众相信裁判的公正性。

2. 为什么要保障当事人的自辩权或陈述的权利？

（1）对于案件的裁判者来说：兼听则明，以保证没有偏私。

《论语·颜渊第十二》孔子曾经担任鲁国的大司寇，相当于鲁国的最高法院院长。孔子认为"片犹偏也，听讼必须两辞，以定是非"。他指出：片就是偏，听讼必须听一听矛盾双方的说法，两个方面都考虑了，才能做到兼听则明，再来断定是非曲直，才容易做出公正的裁决。而仅仅听取一方的意见，就容易偏信则暗，产生偏见，无法查明事实真相，做出公允的判决。

同样，我们看到英国的法谚中也强调："裁判者应听取另一方的陈述。"

在中世纪日耳曼法谚中也有类似的描述："诉讼一方的陈述等于无陈述；裁判者应听取双方的陈述。"

裁判者应听取另一方的陈述，按照教材上的说法，就是程序必须保障参与性，要使案件或纠纷的利害关系人都有机会进入办案程序，充分表达自己的利益和主张，与对立的一方进行辩论，对裁判的结果施加积极的影响，为解决纠纷发挥作用。因此，仅仅听取原告或被告的一面之词是不行的，还必须听取另一方的意见和辩解，让双方的意见都能被听见，让双方提出证据，进行辩论，裁判者才能得到全面的信息，才能根据当事人提供的证据并根据当事人之间的辩论做出公正的裁判。

（2）对于案件当事人而言，参与到诉讼过程中，拥有提出主张、证据，进行辩论的机会，这是一种获得听审的权利，是一项基本的公民权利。

《公民权利与政治权利国际公约》第14条规定：任何人在其受到刑事指控或者其权利、义务处于待判定状态时，应有权受独立无私之法定管辖法庭公正公开之听审。这种听审包括以下内容："给予充分时间和便利，准备答辩并与其选任的辩护人进行联系""到庭受审，并亲自答辩或者由其选任的辩护人进行答辩"……

保障当事人获得听审的权利，当事人就能够较为充分地参与到裁判得出结论的过程之中，并有机会对裁判结果施加自己的影响。让当事人参与到裁判过程中，裁判结果更能够得到他们的接受和满意，也更容易得到公众认可。获得了听审的机会，裁判者也更容易取得当事人的信任，而有了这种信任，裁判结果和裁决过程，更容易让人心服口服，其权威性和正当性也会得到人们的普遍认同。相对于获得胜诉的结局而言，获得公正听审的机会具有独立的意义，在公正的听审中，裁判者将当事人视为平等的协商者、对话者和被说服者，而不是被处理者、被镇压者和无足轻重的惩罚对象。裁判者对当事人的权益表现出尊重的态度，使之作为人的尊严得到维护。

对于那些受到国家惩治和追究的人而言，获得听审的权利是维护其人格尊严的最低要求，是被告人基于自己作为人——而不是任人处置的动物或物品——所享有的最起码的人权。

因此，程序正义的一个基本要求就是要保证当事人获得听审权，保证裁判者听取双方的陈述，保障当事人参与到诉讼进程中来。

(四) 教学反思

从课堂讨论的效果来看，学生对于该案件中存在的程序问题是能够辨识的，他们往往会提出疑问：当一方被举报时，被举报者必须在微博通知发出后3小时内做出陈述和辩解，这样被举报一方有可能都还不知道自己被举报就被处罚了，万一被诬告怎么办？这不是很容易被冤枉吗？也有同学指出，该程序在通知被举报方的时候已经对涉及的微博予以标注，提醒他人此微博涉嫌违规已被举报。在这种情况下，标注该微博可能存在不实信息，为有争议的微博，如果对不实信息的处罚目的是防止不实信息的传播，那么设置暂停转发或暂时不可看就可以起到防止传播的作用，而无须在事情真相不明的情况下就直接做出禁言的处罚，不利于对被举报方权利的保护。

该案例讨论存在的问题以及改进的思路：首先，由于大部分同学法律知识储备不足，在讲授该部分内容时首先应该介绍相关的法律知识，如法律文书的送达，公告送达的方式，正当程序的历史渊源等，如果不先进行一定的知识普及，讨论的时候就无法深入；其次，由于教材中的正当程序部分的内容只涉及程序本身的特点和要求，如果要进一步深入探讨，讲深讲透这个问题，还需要补充拓展内容，如程序正义与实体正义的关系。如果追求程序正义，得不到实体正义又该如何看待，如著名的辛普森案。是否有必要用牺牲程序正义的方式来追求实体正义？如现实生活中的很多冤案，大多是由于违反程序正义造成的，如佘祥林案、赵作海案等。通过不同的角度进行探讨，能够帮助学生认识到程序正义的基本价值以及程序正义在我国法治建设中的重要性。

代代接力护生态

一、基本信息

案例作者：王甲旬

所在单位：上海外国语大学

对应课程：思想道德与法治

对应章节：第五章　第三节

二、案例正文

（一）案例描述

徐秀娟，1964年出生于黑龙江省齐齐哈尔市扎龙满族村的一个养鹤世家。父亲徐铁林和母亲黄瑶珍是中国第一代养鹤人，黑龙江扎龙保护区在1975年筹建初期，办公室就设在他们在扎龙的小土房里。鹤一直被视为他们的家庭成员，徐秀娟小时候经常帮着父母喂小鹤，潜移默化中也爱上了丹顶鹤。

1981年，年仅17岁的徐秀娟，因学校停办而不得不放弃学业，选择到刚成立不久的扎龙保护区工作。徐秀娟从进鹤场的第三天起，就能独立圈养小鹤，识别鹤的编号、记住每只鹤的出生年月，饲养幼鹤的成活率达到100%，创造了奇迹。经过她驯化的小鹤，能随她一起唱鸣，在她的带动下跳舞、飞翔……

1987年9月16日晚，心力交瘁的她为寻找两只心爱的白天鹅而献出了宝贵的生命。

徐秀娟的弟弟徐建峰，1966年6月出生，1984年11月参加工作。徐建峰最佩服的人就是姐姐徐秀娟，正因受姐姐熏陶，徐建峰于1997年从齐齐哈尔市建华厂调入黑龙江扎龙国家级自然保护区管理局，像父亲和姐姐一样，当起了养鹤人，从事饲养繁育及野外救护监测工作。

2014年4月18日早上，徐建峰像以往一样蹚水约2公里进入扎龙湿地腹地观察散养丹顶鹤的繁育情况。当天中午徐建峰发现一只散养丹顶鹤的鹤雏和一枚鹤卵，为了确保鹤雏的成活，他在湿地里工作了1天。19日早上，徐建峰不放心鹤雏和鹤卵，又回到湿地里进行看护，在确保散养丹顶鹤的鹤雏和鹤卵安然无恙后，返回保护区，途中他由于连日疲劳致使摩托车失控掉入路基下的水沟内，不幸殉职。

徐卓，是徐建峰的女儿，出生于1993年，毕业于东北林业大学野生动物资源学院，所学专业为野生动物与自然保护区管理。

2012年在东北农业大学植物学专业完成一年学业后，徐卓萌生了转学到东北林业大学野生动物管理专业的念头，并在多方努力下完成了转学工作。2015年9月，徐卓放弃学校保送研究生的机会，选择接过先辈手中的接力棒，回到扎龙守护丹顶鹤，守护这片湿地。[①]

（二）思考讨论题

（1）徐秀娟及家人的故事为什么能让我们感动？

（2）当前，我们个人如何践行人与自然和谐共生的生态道德？

（三）案例解析

由于人类活动范围扩大，丹顶鹤失去了赖以生存的家园，偷猎等行为导致了该物种数量的减少。2016年被列入"世界自然保护联盟"濒危物种的行列。

建立湿地保护区是保护生态环境，实现人与自然和谐共生的重要措施。扎龙自然保护区和盐城国家级珍禽自然保护区是我国两个重要的湿地保护区。这两个保护区保护的主要动物是丹顶鹤。扎龙自然保护区是中国最大、世界文明的湿地，规模为亚洲第一、世界第四。世界现有鹤类15种，中国有9种，扎龙有6种。江苏盐城国家级珍禽自然保护区，地处江苏中部沿海，是我国最大的滩涂湿地保护区之一，主要保护丹顶鹤等珍稀野生动物及其赖以生存的滩涂湿地生态系统。

保护丹顶鹤，除了需要国家有关部门的努力，也需要全社会共

---

① 毕诗春.三代护鹤人执着的守望：女孩救鹤牺牲　亲人坚持［EB/OL］.新华网，2017-09-30.

同参与，保护实地，守护生态环境，让丹顶鹤等鸟类能拥有一方净土。徐秀娟一家三代护鹤的故事是人与自然和谐共生的典型，是生态道德在当代的彰显。

作为地球上道德的代理人或者道德的监督者，人要诗意般栖息于地球上，拥抱、热爱、尊重和保护地球，善待地球生命，建设人与自然生命共同体。

福斯特认为，资本主义"结构性不道德"的生态观不仅表现为人对自然的支配，而且表现为全球化的生态帝国主义。因此，要改变这种"深层不道德"，需要我们树立一种人与自然为一个共同体的道德观，建立人与人、人与自然平等地和睦相处的发展模式。生态道德是指"协调人与自然关系、保护人自身的生存环境时所必须遵守的道德准则和行为规范，生态道德反映了人们对自然界和人类社会所承担的责任和义务，其突出特点是尊重大自然、尊重生命，承认自然的价值和权利，将自然纳入道德关怀对象"[①]。

徐秀娟一家三代人的护鹤接力践行了人类的生态道德，深刻阐释着人类对待野生动物的态度，对待生命的态度。表面上看，徐秀娟一家三代将人类道德规范的适用对象拓展到了丹顶鹤等珍稀保护动物。首先，对于他们来说，生态道德是一种内心的信念，这种信念支持和激励着他们为守护丹顶鹤付出生命或一生。其次，对于人类之外生命的尊重和热爱反映了人类掌握和认识道德现象的进步。徐秀娟一家人的付出和努力追求的正是这样一种超越传统道德的新

---

① 杨世宏. 生态伦理学探究[M]. 北京：群言出版社，2016：273.

道德。最后，生态道德反映人与自然之间最本质、最主要、最普遍的道德关系。认识这种道德关系，能够让人类认识到自身对生态环境的责任和义务，进而追求道德的生活方式。像对待生命一样对待生态环境，无论是对生态环境还是对人类自身都是有益的。在这个意义上，尊重生命、尊重自然和保护生态是当代大学生成为有道德的人必须践行的公共生活中的道德规范之一。

徐秀娟一家三代之所以能够感动我们，是因为他们一家三代对丹顶鹤毫无保留的热爱和付出，是因为每个人内心深处都有的对生命的珍视和并不是所有人都有勇气付出的时间、精力甚至是生命。在建设美丽中国和人类命运共同体的大环境中，践行新时代的生态道德是成为时代新人应当履行的责任和义务。

（四）教学反思

在课堂上通过视频和讲述的方式呈现和解析案例，学生普遍被徐秀娟一家三代人的护鹤故事所感动，同时对保护生态环境、保护珍稀野生动物的意义有了更多的认识，对我国当前的生态文明建设、美丽中国建设和各项生态环境领域的政策措施有了实实在在的理解。

存在的主要问题有两方面：一是学生对生态道德理论的掌握处于表层，缺乏深入的理论支撑；二是学生对自身可以进行的生态道德实践范围认识尚有一定的局限。

改进思路：通过推荐生态道德相关书籍、资料等加深学生的生态道德理论认知；通过举例等方式拓展学生的生态道德实践认知。